Mythologie grecque

Sophie Bernhardt

Contenu

CHAPITRE 1

Une brève histoire de la Grèce

Parler de la Grèce sans se plonger dans son immense histoire serait impossible. L'histoire de la Grèce antique est longue et complexe, et le peuple grec est très attaché à ses racines. Berceau de nombreuses civilisations, la Grèce conserve dans ses moindres recoins les traces des différentes cultures qui se sont succédées.

Les étapes de l'histoire grecque

L'histoire de la Grèce est marquée par différentes phases. Les influences culturelles sont nombreuses et les racines historiques profondes, formant un héritage des peuples qui ont dominé la Grèce au fil du temps. Nous disposons d'une multitude d'artefacts et de témoignages des civilisations minoenne et mycénienne à la période ottomane et à l'ère byzantine. Cependant, la phase qui a profondément marqué la culture occidentale est l'ère de la Grèce antique. Elle a laissé une trace indélébile non seulement à l'intérieur de la Grèce elle-même, mais aussi dans l'ensemble du monde occidental.

Examinons donc l'histoire de la Grèce antique jusqu'à aujourd'hui, et découvrons en détail quelles sont les principales époques qui nous intéressent.

La civilisation minoenne

Vers 2700 avant J.-C. La civilisation minoenne s'est développée en Crète à l'âge du bronze. Connue pour être à l'avant-garde en ce qui concerne le commerce mercantile, grâce auquel elle exerçait également une domination militaire, cette civilisation doit son nom au roi Minos. En plus de leurs prouesses commerciales, les Minoens

étaient également influents dans le domaine des arts. En effet, de nombreux objets minoens tels que des fresques, des sculptures et des palais peuvent encore aujourd'hui être repérables en Crète. Parmi eux, le magnifique palais de Knossos, qui était le principal centre politique, économique et religieux de l'île dans l'histoire de la Grèce antique.

La civilisation mycénienne

Apparue vers 1600 avant J.-C., la civilisation mycénienne trouve ses racines en Grèce continentale et prend son nom de la ville de Mycènes. Qui n'a jamais entendu parler des actes héroïques d'Achille, de la belle Hélène et d'Agamemnon, roi d'Argos et de Mycènes? Eh bien, c'est au cours de la civilisation mycénienne qu'Homère a écrit l'Iliade, le grand poème de la mémoire scolaire. Contrairement à la civilisation minoenne, le peuple mycénien était belliqueux et fondait sa force sur la conquête.

Cependant, la civilisation mycénienne s'est effondrée vers 1100 avant J.-C. et la Grèce est entrée dans un âge sombre qui s'est terminé par la période de la Grèce antique.

La Grèce antique - les origines

Au XIe siècle avant J.-C., après l'effondrement de la civilisation mycénienne, la Grèce entre dans une phase de déclin économique et culturel, dont témoignent la contraction démographique et l'abandon de l'écriture. Pour cette raison, les historiens ont défini la période comprise entre le 11e et le 9e siècle avant J.-C. comme l'"âge des ténèbres" ou le "Moyen Âge hellénique". Entre le XIe et le Xe siècle avant J.-C., la première colonisation grecque a eu lieu: les Doriens, un peuple originaire de Macédoine et d'Illyrie, poussent des groupes d'Éoliens et d'Ioniens sur la côte occidentale de l'Asie mineure (actuelle Turquie). Ils ont donné naissance à une longue série de cités, comme Milet, Éphèse et Halicarnasse; la pratique de l'écriture s'est alors à nouveau répandue, grâce à un nouvel alphabet dérivé de l'alphabet phénicien. C'est ainsi que les cités grecques se sont dotées de leurs premières lois écrites.

Grèce antique - l'âge archaïque et la naissance du pólis

Le VIIIe siècle avant J.-C. marque le début d'une nouvelle phase de l'histoire grecque, conventionnellement appelée l'âge archaïque, caractérisée par une reprise décisive de l'activité économique et du commerce.

Cette période voit la naissance du pólis. La pólis est une cité- état, dans laquelle les citoyens participent à la vie politique. En réalité, le droit de vote n'était réservé qu'aux hommes capables de payer des armes (et donc de s'engager dans l'armée); ainsi, même si réductif, ce modèle de vote représentait toutefois un changement radical par rapport aux grandes civilisations du Proche-Orient, dans lesquelles l'individu n'était considéré que comme un sujet soumis à la volonté d'un souverain absolu. Pour plus d'informations, voir Le pólis grec, caractéristiques de la cité grecque.

La Grèce antique - la deuxième colonisation

Au cours de l'âge archaïque, la croissance démographique et conséquemment le besoin de nouvelles terres à cultiver entraînent une deuxième colonisation, qui concerne le sud de l'Italie, que les colonisateurs rebaptisent Magna Graecia (c'est-à-dire "Grande Grèce"). Entre-temps, l'aristocratique Sparte et la démocratique Athènes se sont imposées sur toutes les autres polémies (pour une analyse plus détaillée, voir Sparte et Athènes en comparaison).

La Grèce antique - les guerres perses

La Grèce ne deviendra jamais un État unitaire. Cependant, malgré leurs vives rivalités, les Grecs n'ont jamais remis en cause leur appartenance à une civilisation commune, en vertu de laquelle ils se considéraient supérieurs aux peuples étrangers avec lesquels ils entraient en contact, qu'ils appelaient barbares (terme onomatopéique qui signifie littéralement "bégayer",

puisqu'ils parlaient une langue qui leur était étrangère et donc incompréhensible).

La conscience d'une identité commune apparaît de manière évidente à l'occasion des guerres perses, menées entre 490 et 479

avant J.-C. contre le vaste et puissant Empire perse (pour plus de détails, lire Guerres perses - Grecs contre Perses, résumé facile). À la fin du 5e siècle avant J.-C., l'âge archaïque se termine et l'âge classique (5e-4e siècles avant J.-C.) commence.

Grèce antique - l'hégémonie d'Athènes et l'âge de Périclès

Au lendemain de leur victoire sur les Perses, Sparte et Athènes ont formé deux systèmes d'alliance opposés: d'une part, la Ligue du Péloponnèse, dirigée par Sparte; d'autre part, la Ligue Delio-Attique, dirigée par Athènes. À Athènes, la figure de Périclès émerge et domine la scène pendant une trentaine d'années (461-429 av. J.-C.). En savoir plus sur Périclès et l'âge d'or d'Athènes.

La Grèce antique - La culture à l'âge classique

Périclès a fait d'Athènes la capitale économique, politique et culturelle de la Grèce. Sous son règne, des philosophes comme Socrate, Anaxagore et Protagoras, des tragédiens comme Eschyle, Sophocle et Euripide et le dramaturge Aristophane se sont tous réunis à Athènes. Périclès a promu un programme grandiose de constructions publiques, dont le point culminant et le chef-d'œuvre fut le Parthénon, le grand temple dédié à Athéna sur l'acropole, construit par les architectes Ictinus et Callicrates et décoré par le sculpteur Phidias. La culture classique n'a pas cessé d'exister après la mort de Périclès (429 av. J.-C.), mais a atteint son apogée avec

des philosophes tels que Platon et Aristote, le médecin Hippocrate et l'historien Xénophon.

La Grèce antique: la période classique

La période classique de la Grèce antique, que nous situons entre 1000 et 323 avant J.-C., est sans doute l'étape la plus importante de l'histoire grecque. Cette période, caractérisée par une grande ferveur culturelle, a radicalement changé le peuple grec. De nombreuses ressources ont été investies dans la construction d'ouvrages publics et de monuments grandioses, tels que le temple de Delphes, le théâtre d'Epidaure et l'Acropole, qui est devenue le symbole d'Athènes et de cette période de l'histoire grecque.

La création des polis, unités politiques autonomes, a constitué une innovation politique majeure. Au fil des siècles, cependant, les rivalités entre les différentes polis ont conduit à de nombreuses guerres.

L'exaspération des conflits constants et le besoin de paix ont conduit Alexandre le Grand, prince de Macédoine, à soumettre les différentes cités, unissant ainsi la Grèce sous son commandement. Grand stratège, Alexandre le Grand a poussé vers l'est pour conquérir les territoires occupés par l'Empire perse en Anatolie et au Proche-Orient. Avec son armée, il atteint les frontières du monde connu et conquiert des villes glorieuses telles que Persépolis, Suse et Babylone, où il meurt en 323 avant Jésus-Christ.

La Grèce antique - la guerre du Péloponnèse et la fin de l'âge classique

À la fin du Ve siècle avant J.-C., l'hégémonie d'Athènes entre en crise. Les tensions anciennes entre Sparte et

Athènes ont conduit à la guerre du Péloponnèse. Cette guerre a duré 27 ans (431-404 avant J.-C.), a impliqué l'ensemble du monde grec et s'est terminée par la défaite d'Athènes. Pour plus d'informations, voir La guerre du Péloponnèse, 431 av. J.-C. - 404 av. J.-C.

Sparte impose à Athènes des conditions de paix très dures et un gouvernement oligarchique, rebaptisé les "Trente Tyrans" par ses opposants démocratiques. C'est également dans ce climat que meurt Socrate (399 av. J.-C.), accusé de corrompre les vertus morales des jeunes et de subvertir l'ordre traditionnel.

La Grèce antique - de la suprématie de Thèbes à l'Empire d'Alexandre le Grand

C'est le même cas pour la domination de Sparte qui, elle aussi, n'était pas destinée à durer longtemps. À la suite de nouvelles guerres, la ville de Thèbes parvient à exercer son hégémonie pendant un certain temps, mais la faiblesse générale du poleis grec, due à des conflits internes constants, ouvre la voie à l'arrivée d'un souverain étranger, Philippe II, roi de Macédoine. Avec la bataille de Chaeronea (338 av. J.-C.), Philippe II impose l'hégémonie macédonienne sur la Grèce. En 336 avant J.-C., son fils Alexandre le Grand a succédé à Philippe II.

Il étendit les frontières de sa domination jusqu'à l'Indus et créa un "empire universel" couvrant l'ensemble de l'Orient connu. La mort d'Alexandre le Grand en 323 avant J.-C. met définitivement fin à l'âge classique et ouvre conventionnellement l'âge hellénistique.

L'âge hellénistique

On pense que l'âge hellénistique a commencé avec la mort d'Alexandre le Grand en 323 av. Cependant, Alexandre le Grand a été l'architecte de cette phase historique culturelle. En effet, les conquêtes réalisées sous son commandement ont contribué à la diffusion de l'hellénisme en Asie mineure, en Perse, en Mésopotamie et en Égypte. Cette rencontre et cette fusion des cultures ont permis la construction d'un modèle valable dans des domaines tels que la philosophie, la science et l'art. Malgré ces avancées culturelles, le territoire grec a perdu beaucoup de son importance au cours de cette phase de l'histoire.

La Grèce antique - La culture à l'époque hellénistique

Au cours de l'ère hellénistique (3e-1er siècle avant J.-C.), la Grèce (avec ses poleis) entre dans une phase de déclin politique, mais sa culture se répand dans tout l'Orient désormais unifié par le grand Alexandre, qui subit donc à son tour son influence.

À l'époque hellénistique, les études scientifiques ont fait de grands progrès, comme en témoignent des noms tels qu'Euclide, dont les Éléments de géométrie (vers 300 av. J.-C.) sont encore étudiés aujourd'hui; Archimède de Syracuse (287-212 av. J.-C.), l'auteur de découvertes fondamentales en mécanique et en optique. Archimède de Syracuse (287-212 av. J.-C.), auteur de découvertes fondamentales en mécanique et en optique ; Aristarque de Samos (début du IIIe siècle av. J.-C.), l'astronome qui fut le premier à imaginer un univers avec le soleil en son centre ; Ératosthène de Cyrène (275-195 av. J.-C.), le géographe qui calcula la longueur de l'équateur à l'aide de procédures mathématiques.

Il convient également de noter les recherches menées dans le domaine de l'ingénierie mécanique, qui aboutissent à la création de dispositifs et de machines de conception très avancée.

Dans un climat politique caractérisé par des conflits et la perte des libertés typiques des poleis, la philosophie, la littérature et le théâtre ne sont plus l'expression des valeurs collectives de la communauté. Les nouvelles écoles philosophiques - épicurisme, stoïcisme, scepti-cisme - se concentrent sur les questions éthiques, trou-vant le bonheur dans le détachement du monde.

Le théâtre et la littérature abandonnent les grands thèmes de la tragédie grecque et se tournent vers des genres moins engagés, comme la poésie amoureuse et les poèmes mythologiques, dans lesquels l'intérêt pour le traitement formel du texte prévaut.

Ce nouveau climat culturel a également influencé l'ar-chitecture et les arts figuratifs, qui ont atteint un niveau extraordinaire de perfection formelle.

La domination romaine

Une fois que le royaume macédonien a perdu sa force militaire, la Grèce a été annexée à la République ro-maine à la suite de la destruction de Corinthe en 146 avant Jésus-Christ. À ce stade de l'histoire grecque, deux cultures pivots de la civilisation occidentale se sont ren-contrées et, de leur fusion, est né un élan culturel in-connu jusqu'alors. La culture hellénistique a toujours été une source d'inspiration pour Rome. Ainsi, la Grèce est devenue une province clé de l'Empire romain. Les preuves de cette phase de l'histoire grecque sont partout et le théâtre d'Hérode Atticus dans l'Acropole d'Athènes n'est qu'un des nombreux exemples.

L'ère byzantine

Pendant la phase byzantine, l'histoire grecque a connu un nouveau rayonnement culturel et artistique après une période de déclin. Au Ve siècle de notre ère, avec la chute de l'Empire romain d'Occident, la Grèce a perdu de plus en plus d'importance face à l'essor de Constantinople. L'actuelle ville d'Istanbul devient la capitale de l'Empire, et l'Hellas devient de plus en plus une province périphérique.

Au Moyen Âge, cependant, la péninsule hellénique est redevenue cruciale. Athènes, Thessalonique, Monemvasia et Mystras étaient les villes les plus importantes de l'Empire avec Constantinople.

En outre, l'ère byzantine a été une période de développement artistique considérable. Mystras a attiré des peintres d'Italie et de Constantinople. Ainsi, dans les églises byzantines de ce joli village, vous pourrez admirer les merveilleuses fresques de cette période de l'histoire grecque.

Périodes vénitienne et ottomane

Nous poursuivons notre voyage dans l'histoire grecque avec les périodes vénitienne et ottomane. Avec la chute de l'Empire byzantin, après la prise de Constantinople en 1453, la Grèce a été disputée principalement par les Vénitiens et les Ottomans. Ainsi commence une série de conflits pour le contrôle de la Grèce et de la mer Égée. Au carrefour de l'Orient et de l'Occident, la route commerciale de l'Europe vers l'Asie passait par ici. En Crète, en particulier à Chania, les influences architecturales vénitiennes sont encore évidentes aujourd'hui, mélangées à celles des Ottomans.

Après la chute de Venise en 1797, la Grèce est restée sous la domination ottomane jusqu'en 1827. Cette phase de l'histoire grecque n'a pas du tout été simple pour le peuple grec. En effet, la diffusion de la langue et de la culture grecque a été interdite et le peuple grec a été tenté de se disperser au profit des migrants musulmans. Malgré ces tentatives d'oppression, et grâce aux monastères orthodoxes qui continuaient à transmettre secrètement la langue grecque, le peuple s'est rebellé et la culture a été sauvée.

L'ère moderne

Le 25 mars 1821, les Grecs se sont officiellement rebellés contre le pouvoir ottoman, déclenchant une guerre et déclarant leur indépendance. L'indépendance n'a cependant été obtenue qu'en 1829, avec l'aide des grandes puissances européennes. Après les guerres mondiales et la guerre civile qui a eu lieu entre 1944 et 1949, l'ère moderne voit la Grèce rechercher son propre équilibre politique. À la suite d'un référendum en 1974, la Grèce est devenue une République démocratique. Depuis lors, on a assisté à une

prospérité économique qui a été interrompue par la récente crise de 2009. L'histoire grecque démontre cependant la grande résilience du peuple grec, qui sait toujours se relever face à toutes les difficultés qu'il affronte.

Les Grecs - origine

Nous ne pouvons pas continuer à parler de la mythologie grecque sans, tout d'abord, observer d'où viennent les Grecs. Les Grecs étaient l'une des premières civilisations connues sur terre. Cela signifie que leur mythologie est tout aussi ancienne. La "Grande Mère" ou la "Déesse Mère" était vénérée dès 2000 avant J.-C. dans la région que nous connaissons aujourd'hui comme la Grèce.

Lorsque les premiers envahisseurs venus d'Asie mineure ont conquis les terres occupées par les Grecs anciens, ils ont apporté avec eux la première forme linguistique pour laquelle les Grecs sont encore connus aujourd'hui, à savoir la langue indo-européenne. En outre, les envahisseurs ont également apporté avec eux le culte des dieux "aryens".

Comment les envahisseurs ont-ils tant influencé les Grecs anciens? Ils se sont installés pacifiquement avec les indigènes, en vivant et en se mélangeant avec eux.

Cela a favorisé une relation mutuelle entre les Grecs autochtones et les envahisseurs, qui se sont installés principalement en Thessalie et en Grèce centrale.

Outre les envahisseurs plus pacifiques venus d'Asie mineure, les Grecs anciens ont également connu de nombreux épisodes d'invasion par des tribus plus agressives et destructrices venues du nord. Ces nouveaux groupes d'envahisseurs étaient très brutaux et ne vivaient certainement pas pacifiquement avec la population locale. Dans certains endroits, comme à Sparte, située dans le sud du Péloponnèse, les envahisseurs agressifs venus du Nord s'étaient violemment retournés contre la population locale.

De nombreux indigènes ont été contraints de jouer le rôle de domestiques et d'effectuer des tâches subalternes : ils étaient appelés « helots » par les Achéens. Dans la Grèce antique, les Achéens parlaient l'un des dialectes locaux du peuple grec antique et avaient une forme de langage simple qui utilisait des images pour représenter les pensées. Les spécialistes d'aujourd'hui appellent cette forme d'écriture : le linéaire B.

Alors que les barbares et les sauvages faisaient des ravages et subjuguaient les indigènes dans ce que nous appelons aujourd'hui la Grèce, à quelques kilomètres au sud, sur l'île de Crète, des civilisations stables et florissantes s'étaient déjà formées.

Les habitants de l'île de Crète ont établi des routes commerciales stables et durables avec les anciens Égyptiens et les peuples de l'Est. La civilisation de l'île de Crète, connue sous le nom de civilisation minoenne, a atteint son apogée vers 1 600 av. J-C et s'est effondrée

en 1 400 avant J.-C. en raison de catastrophes naturelles, telles que des tremblements de terre.

Après l'effondrement de la civilisation sur l'île de Crète, les Grecs ont repris le territoire. Les indigènes de l'île connaissaient des mythes incroyables, qui ont ensuite été adoptés par les Grecs.

Parmi les mythes grecs populaires qui trouvent leur origine dans les mythes crétois, citons l'histoire d'Europe et du taureau, l'histoire de l'éducation du dieu Zeus en Crète et l'histoire de Thésée et du Minotaure. Au fil du temps, cependant, certaines des divinités vénérées par les Crétois ont pris la forme des divinités des Grecs.

Nombre des mythes grecs que nous connaissons aujourd'hui proviennent de différentes sources, notamment de l'ancienne péninsule des Balkans: Mycènes, Argos, le Péloponnèse, l'Attique, la Béotie et la Thrace.

D'autres viennent de nombreuses îles, comme la Crète, avec lesquelles les Grecs anciens étaient en contact.

Les envahisseurs, comme ceux d'Asie mineure, ont également largement influencé la mythologie grecque. Il en va de même pour certaines histoires tirées des activités des Grecs de l'Antiquité avec des civilisations lointaines telles que les Babyloniens et les Sumériens. Homère, grand écrivain et philosophe, s'est donné beaucoup de mal pour documenter ce que nous connaissons aujourd'hui de la mythologie grecque. La plupart des œuvres d'Homère ont été produites entre 750 et 700 avant Jésus-Christ.

CHAPITRE 2

LA MYTHOLOGIE

Il n'était pas facile pour les premiers humains de comprendre les événements qui se produisaient autour d'eux. Ainsi, nombreux d'entre eux ont-ils eu recours à la conception et à la création de mythes ou d'histoires centrés sur ce qu'ils pensaient être en train de se produire. Par exemple, s'ils ne pouvaient pas expliquer comment et pourquoi il pleuvait, ils tissaient simplement une histoire autour d'un dieu qui faisait tomber la pluie. Si un animal les étonnait, ou si une catastrophe naturelle se produisait, ils essayaient rapidement de l'expliquer en le reliant à une divinité ou à une entité divine.

À cette époque, il n'était pas facile pour eux d'expliquer les volcans, l'existence de certains animaux, les inondations, la procréation, les océans et les montagnes, ils ont donc décidé de créer des histoires pour expliquer ces concepts. Ces histoires inventées sont à la base de nombreuses cultures.

Chaque civilisation a ses propres mythes et légendes et, comme nous l'avons mentionné plus haut, les êtres humains ne connaissant pas grand-chose du monde naturel à l'époque, ils trouvaient non seulement du réconfort dans ces histoires, mais aussi un sens de l'orientation et de la moralité.

Bien que presque toutes les civilisations anciennes aient eu leurs propres mythes et histoires expliquant les événements les plus anormaux, les Grecs étaient particulièrement connus pour créer des mythes et des légendes autour de presque tous les processus naturels. Les Grecs avaient des dieux pour presque tous les événements, avec toutes leurs personnalités respectives: le ciel, la terre, la mer, les pluies, le divertissement, le vin, etc.

Si certains des mythes et légendes inventés par les Grecs de l'Antiquité visaient à expliquer des événements et des faits naturels, certaines histoires étaient purement inventées à des fins de divertissement. Oui, il existe de nombreux mythes grecs qui ne

remplissent aucune fonction éducative, mais ont simplement un caractère de divertissement.

Par exemple, l'histoire de Galatée et Pygmalion.

Il est important de se rappeler que de nombreuses civilisations anciennes étaient nomades et se déplaçaient d'un endroit à l'autre à la recherche de conditions de vie favorables.

Lorsque les différentes tribus et cultures se déplaçaient d'un endroit à l'autre, leurs mythes se déplaçaient avec elles. Ceux-ci ont formé de nouvelles alliances et se sont regroupés avec d'autres cultures, fusionnant les traditions et les cultures, et à leur tour, fusionnant les mythes et légendes.

Lorsque la plupart des civilisations, comme celle des Grecs, se sont installées, elles disposaient déjà de mythes et d'histoires solides décrivant presque tous les événements de la nature. Les peuples ont appris à construire des temples et des sanctuaires pour leurs héros et leurs dieux, dans lesquels étaient pratiqués des rites et des prières, mais aussi des sacrifices, le plus souvent d'animaux, pour honorer ces divinités.

Dans certaines civilisations, en raison de l'énorme respect accordé aux dieux, les souverains ont dû assumer le statut de divinités. En Grèce, de nombreux temples ont été construits en l'honneur d'Aphrodite, d'Athéna et de Zeus, les trois principaux dieux de la mythologie grecque. Des temples ont également été construits pour des divinités mineures: ces constructions ont permis de préserver l'essence et les histoires de ces dieux jusqu'aujourd'hui.

Dans plusieurs mythologies anciennes, y compris les mythologies grecques, les divinités féminines étaient respectées et traitées comme des êtres suprêmes. La Déesse Mère, ou la Terre Mère, comme certains l'appellent, était la créatrice ou le créateur de toute nouvelle vie.

La Terre nourricière était celle qui s'occupait des cieux, des cultures et des saisons.

Peu à peu, les gens ont commencé à découvrir que les dieux masculins jouaient également un rôle important.

Pour que la divinité féminine soit à l'origine de la vie, il devait y avoir une divinité masculine.

Par conséquent, la déesse de la lune (qui est une divinité féminine) et la mère de la Terre ont été progressivement remplacées par des figures de divinités masculines telles que les dieux du soleil et du ciel. Ces dieux masculins étaient généralement représentés à l'aide de béliers ou de taureaux (pour représenter leur virilité et leur agressivité).

Dans la mythologie grecque, suite au déclin de l'importance des déesses ou de la Terre Mère, Zeus est devenu l'une des figures principales de l'Olympe.

Sa figure est associée à celle de son épouse-sœur Héra, qui régnait à ses côtés. Mais leur mariage ne fut jamais sans heurts; Zeus avait commencé à se montrer très irrespectueux, infidèle et espiègle ; à tel point que la déesse passait une grande partie de son temps à combattre les nombreuses maîtresses de Zeus et leurs enfants illégitimes. De ce fait, beaucoup de gens sont enclins à voir Héra comme une déesse vengeresse.

Outre les histoires que les Grecs ont inventé pour expliquer l'origine de l'univers et la procréation, on observe la création de mythes pour expliquer tout ce qui se passait dans la vie quotidienne et dans la civilisation. Par exemple, lorsqu'ils ont appris à cultiver le blé, à produire du vin et du pain, et à élever du bétail, des porcs et d'autres animaux domestiques, ils ont écrit des histoires pour expliquer ces développements.

La mythologie grecque

De nombreuses civilisations qui ont précédé les Grecs ont également créé leurs propres dieux. Cependant, les Grecs ont quelque chose de particulier: ils ont été parmi les premières civilisations sur terre à créer des dieux qui ont pris la forme d'un homme. Ces derniers, avaient tous les attributs de l'homme et, en fait, chacun avait un sexe.

La plupart des divinités féminines étaient belles, avec de longs cheveux, féminines dans leurs gestes et leurs mouvements. Certains des dieux étaient représentés comme des figures masculines puissantes, tandis que d'autres étaient représentés comme des personnes âgées, avec dignité, humour et sagesse. D'autres, en revanche, ont pris la forme de monstres féroces.

La plupart des mythes grecs, ou presque tous, se concentrent sur les humains, leurs pensées et leurs sentiments. Les dieux grecs entretenaient une relation cordiale avec les êtres humains et des interactions avec eux avaient souvent lieu.

De nombreuses villes dans lesquelles les dieux interagissaient avec les humains existent encore aujourd'hui.

Par exemple, le dieu grec Zeus a été élevé sur le mont Ida, sur l'île de Crète, et ce lieu existe encore aujourd'hui. La ville de Thèbes, où le héros d'Héraclès a construit sa maison, existe toujours. C'est dans cette même ville de Thèbes qu'Aphrodite serait apparue. Le lieu exact de cet événement peut encore être identifié aujourd'hui près de l'île de Cythère.

De nombreux mythes grecs racontent l'histoire de dieux et de déesses héroïques aux actions extraordinaires, qui ont aidé le peuple à surmonter divers obstacles, défis et difficultés. Par exemple, l'idée du cheval de Troie a été suggérée aux Grecs par Ulysse, qui avait été à son tour influencé par la déesse Athéna. Le cheval de Troie était un type particulier de cheval en bois, à l'intérieur duquel les soldats grecs se cachaient afin de pénétrer dans la ville de Troie dans le but de l'envahir.

De nombreux dieux grecs étaient également connus pour conférer de l'intelligence aux gens. Puisque les Grecs étaient curieux de

sujets tels que l'ensemble de la création et eux-mêmes, ils racontaient souvent des histoires qui exploraient ces thèmes fascinants.

Hérodote, l'historien grec, a décrit les Grecs de l'Antiquité de la manière suivante: "Chez les anciens, la race hellénique (grecque) se distingue des barbares par son caractère plus vif et plus libre de toute absurdité".

Genèse et personnages

Au pays de la Grèce vivait un peuple d'agriculteurs et de bergers qui aimaient la lumière et la beauté. Ils ne vénéraient pas de dieux obscurs, comme le faisaient les peuples voisins.

Les dieux grecs ressemblaient beaucoup aux humains, même si plus grands et plus beaux et avec l'impossibilité de faire du mal (en théorie). Les monstres crachant du feu et les bêtes féroces à têtes multiples représentaient tout ce qui était sombre et mauvais. La tâche des dieux et des héros menés par les déesses était de vaincre ces créatures.

Les dieux vivaient au sommet de l'Olympe, une montagne si haute et si escarpée qu'aucun homme ne pouvait l'escalader et admirer le palais étincelant où les dieux habitaient et régnaient. Cependant, les dieux sont souvent descendus sur terre, parfois sous leur forme réelle, parfois déguisés en hommes ou en animaux.

Les mortels vénéraient les dieux, et les dieux honoraient la Terre nourricière car tout provenait d'elle.

GEA, la déesse Terre, est sortie des ténèbres il y a si longtemps que personne ne sait quand ni comment cela s'est produit. La Terre était jeune et solitaire, car rien ne vivait encore sur elle. Uranus s'est ensuite élevé au-dessus d'elle, le ciel bleu foncé couvert d'étoiles scintillantes. Il était magnifique à observer et la jeune Terre l'a regardé et en est tombée amoureuse. Le ciel a souri à la Terre, brillant de ses innombrables étoiles, et c'est ainsi que les deux ont uni leurs forces. Bientôt, la jeune Terre devint la Terre nourricière, la mère de toutes les choses et de tous les êtres vivants. Tous ses enfants

aimaient leur mère chaleureuse et généreuse et craignaient leur puissant père, Uranus, seigneur de l'univers.

CHAPITRE 3

TITANS

Les TITANS étaient les premiers enfants de la Terre Mère. Ils étaient les premiers dieux et sont décrits comme des êtres plus grands que les montagnes, créés pour leur servir de trône.

À l'origine, il y avait six Titans, c'était des dieux glorieux qui avaient six sœurs qu'ils prenaient pour épouses.

Quand Gea a donné naissance à nouveau, Uranus n'était pas fier. Les nouveaux enfants étaient également énormes, mais chacun d'entre eux avait un seul œil brillant au milieu de leur front. C'étaient les trois Cyclopes et leurs noms étaient Foudre, Tonnerre et Eclair. La beauté n'était pas leur qualité, mais ils étaient des forgerons extrêmement doués.

Les étincelles de leurs lourds marteaux jaillirent dans le ciel et illuminèrent la terre d'une telle manière que même les étoiles du dieu père s'éteignirent.

Plus tard, la Terre Mère donna naissance à trois autres fils et Uranus les regarda avec dégoût car chacun d'eux avait cinquante têtes et cent bras forts.

Il détestait voir des créatures aussi hideuses marcher sur la belle Terre, alors il les pris avec leurs frères cyclopes et les jeta dans le Tartare, la fosse plus profonde et plus sombre de la Terre.

La Terre nourricière aimait ses enfants et ne pouvait pardonner à son mari la cruauté dont il faisait preuve à leur égard. Elle prit alors le silex le plus dur, fabriqua une faux et l'apporta à ses enfants: "Prends cette arme, mets fin à la cruauté de ton père et libère tes frères".

La peur s'empara de cinq des Titans, ils tremblèrent et refusèrent. Seul Kronos, le plus jeune mais le plus fort, osa prendre la faux. Il se jeta sur son père, qui ne pouvant pas résister à l'arme brandie par son fils s'enfui, renonçant ainsi à ses pouvoirs.

La Terre mère fit de Pontus, son second mari, le dieu des mers primordiales illimitées et de cette union naquirent les dieux des profondeurs marines. De son riche sol poussait une abondance

d'arbres et de fleurs, et de ses fissures sortaient des lutins, des fées, des bêtes et des hommes primitifs.

CHRONO était maintenant le seigneur de l'univers. Il était assis sur la plus haute des montagne et dirigeait le ciel et la terre d'une main ferme. Les autres dieux ont obéi à sa volonté et l'homme primitif l'a vénéré. C'était l'âge d'or des hommes, ils vivaient heureux et en paix avec les dieux et entre eux ; ils ne commettaient pas d'actes violents et n'avaient aucune serrures sur leurs portes car le vol n'existait pas. Cependant, Kronos n'a pas libéré ses frères monstrueux comme il l'avait promis, et la Terre Mère, fâchée contre lui, a commencé à comploter pour sa chute. Pourtant, ce complot, devait attendre car aucun dieu n'était assez fort pour s'opposer à lui, même s'il savait qu'un de ses futurs fils deviendrait plus fort, tout comme Kronos avait été plus fort que son père.

C'est ainsi qu'à chaque fois que Rhéa, sa femme Titan, donnait naissance à un enfant, il prenait le dieu nouveau-né et l'avalait. Ainsi, il n'avait rien à craindre. Mais Rhéa était en deuil. Ses cinq sœurs, qui avaient épousé les cinq autres Titan, étaient entourées de leurs enfants Titans, alors qu'elle était toute seule. Lorsque Rea attendait son sixième enfant, elle a demandé à la Terre Mère de l'aider à sauver l'enfant de son père. C'était exactement ce que la Terre Mère attendait depuis des siècles. Elle a chuchoté des conseils à l'oreille de sa fille et celle-ci est repartie en souriant. Dès que Rhéa donna naissance à son enfant, le célèbre et puissant Zeus le cacha, puis enveloppa une pierre dans des vêtements de bébé et la donna à son mari pour qu'il l'avale à la place de son fils.

Kronos fut alors trompé et avala la pierre, tandis que le jeune dieu Zeus fut emmené dans une grotte secrète sur l'île de Crète. Le vieux Kronos n'a jamais entendu les cris de son jeune fils, car la Terre Mère avait placé des esprits de la terre qui avaient le devoir de faire du bruit à l'extérieur de la grotte. Ils faisaient un tel vacarme, en frappant leurs boucliers contre leurs épées, que tous les autres sons étaient complètement étouffés.

ZEUS ET SA FAMILLE

ZEUS a été soigné par de douces nymphes et allaité par la chèvre féerique Amaltheia. Des cornes du bouc coulaient l'ambroisie et le nectar, qui sont respectivement la nourriture et la boisson des dieux. Zeus grandit rapidement, et il ne tarda pas à sortir de la grotte sous la forme d'un nouveau et grand dieu. Pour remercier les nymphes d'avoir si bien pris soin de lui, il leur donna les cornes de la chèvre, qui avaient la particularité de ne jamais pouvoir être vidées. De la peau de la chèvre, il se fabriqua une armure impénétrable, l'égide, et avec celle-ci, Zeus était si fort que Kronos ne pouvait rien contre lui. Le jeune Zeus choisit Métis, la fille d'un Titan, comme première épouse. Elle était la déesse de la prudence, et il avait besoin de ses bons conseils. Elle l'avertit de ne pas essayer de vaincre son père dévoreur d'enfants tout seul, car Kronos avait tous les autres Titans et leurs enfants de son côté. Tout d'abord, Zeus devrait partir à la recherche d'alliés solides.

Métis alla donc voir Kronos et l'emmena par la ruse à manger une herbe magique. Il pensait que l'herbe le rendrait imprenable, mais, au contraire, elle le rendit si malade qu'il vomit non seulement la pierre qu'il avait avalé, mais aussi ses cinq autres enfants. Il s'agissait des dieux Hadès et Poséidon et des déesses Hestia, Déméter et Héra, tous de dieux puissants qui ont immédiatement rejoint Zeus. Lorsque Kronos vit les six jeunes dieux se dresser contre lui, il sut que son heure était venue, il abandonna et s'enfuit.

Zeus était désormais le maître de l'univers, mais il ne voulait pas régner seul. Il décida alors de partager ses pouvoirs avec ses frères et sœurs. Mais les Titans et leurs enfants se sont rebellés. Ils ont refusé d'être gouvernés par les nouveaux dieux. Seuls Prométhée et son frère Epiméthée ont quitté les Titans pour rejoindre Zeus, et cela puisque Prométhée avait la capacité de voir dans le futur et savait que Zeus aurait gagné.

Zeus a libéré les enfants monstrueux de la Terre Mère du Tartare. En remerciement, les cent hommes armés combattirent pour lui de toutes leurs forces, et les Cyclopes forgèrent des armes puissantes pour lui et ses frères.

Ils ont fabriqué un trident pour Poséidon, qui devint si fort que lorsqu'il frappait la terre avec ce nouvel instrument, la terre tremblait et lorsqu'il frappait la mer, les vagues écumantes s'élevaient haut dans les montagnes. Pour Hadès, ils ont fabriqué une cape d'invisibilité afin qu'il puisse frapper ses ennemis sans être vu et enfin pour Zeus, ils ont forgé des foudres.

Merveilleusement armé, Zeus était le dieu le plus puissant et rien ne pouvait s'opposer à lui et à sa force.

Les Titans ont livré une bataille acharnée, mais, vaincus, ils ont finalement dû se rendre et Zeus qui les a renfermé dans le Tartare. Les cent monstres armés sont allés garder les portes pour s'assurer que les monstres ne s'échappent jamais.

Atlas, le plus fort des Titans, a été envoyé au bout du monde pour porter à jamais la voûte céleste sur ses épaules.

Fâchée contre Zeus d'avoir envoyé ses enfants, les Titans, dans la sombre fosse du Tartare, la Terre Mère donna naissance à deux terribles monstres, Typhon et sa compagne Echidna, et les envoya

combattre contre Zeus. Ils étaient si effrayés que lorsque les dieux les ont vus, ils se sont transformés en animaux et ont fui, terrorisés. Les cent têtes horribles de Typhon touchaient les étoiles, du poison dégoulinait de ses yeux maléfiques, de la lave et des pierres chauffées au rouge sortaient de sa bouche béante. Sifflant comme centserpentsetrugissantcommecentlions,ildéchirades montagnes entières et les lança sur les dieux.

Zeus reprit bientôt courage et se retourna, et lorsque les autres dieux le virent prendre position, ils revinrent pour l'aider à combattre le monstre. Une terrible bataille a eu lieu, et il ne restait plus qu'une seule créature vivante sur terre. Mais Zeus était destiné à gagner et, alors que Typhon déchirait l'énorme mont Etna pour le lancer contre les dieux, Zeus le frappa d'une centaine de foudres et la montagne fut détruite, coinçant Typhon sous les décombres. Le monstre y repose encore aujourd'hui, crachant du feu, de la lave et de la fumée à travers le sommet de la montagne.

Echidna, son horrible compagnon, a échappé à la destruction. Elle se blottit dans une grotte, protégeant la terrible progéniture de Typhon, et Zeus les laissa vivre afin de représenter un défi aux futurs héros.

A' ce moment, la Terre Mère a finalement abandonné son combat. Il n'y a plus eu de bouleversements, et les blessures de la guerre se sont rapidement refermées. Les montagnes ont été reconstruites et solidement ancrées au sol, les mers ont retrouvé leurs rivages, les rivières ont vu leurs berges restaurées et le dieu des rivières à cornes de bœuf a commencé à veiller sur elles, et chaque arbre et chaque source a eu sa propre nymphe protectrice. La terre était à nouveau verte et fertile et Zeus pouvait commencer à régner en paix.

Les cyclopes borgnes n'étaient plus seulement des forgerons, mais aussi des maçons, et ils ont construit un imposant palais pour les dieux au sommet du mont Olympe, la plus haute montagne de la Grèce antique. Le palais était caché dans les nuages, et les déesses des saisons les faisaient descendre chaque fois qu'un dieu voulait descendre sur terre. Personne d'autre ne pouvait passer par la porte des nuages.

Iris, la messagère des dieux aux pattes d'éléphant, avait son propre chemin vers la terre. Vêtue d'une robe de gouttes irisées, elle courait le long de l'arc-en-ciel lors de ses courses ardues entre l'Olympe et la terre.

Dans la salle étincelante du palais, où la lumière ne manquait jamais, les dieux de l'Olympe étaient assis sur douze trônes d'or et régnaient sur le ciel et la terre. Il y avait douze grands dieux, car Zeus partageait ses pouvoirs non seulement avec ses frères et sœurs, mais aussi avec six de ses enfants et la déesse de l'amour.

Zeus lui-même était assis sur le plus haut des trônes, avec à ses côtés un récipient rempli d'éclairs, et à sa droite sa jeune sœur, Héra, qu'il avait choisie parmi toutes ses épouses pour être sa reine. A côté d'elle étaient assis son fils, Arès, dieu de la guerre, et Héphaïstos, dieu du feu, avec Aphrodite, déesse de l'amour. Le fils de Zeus, Hermès, le messager des dieux, suivait, ainsi que la sœur de Zeus, Déméter, déesse des moissons, avec sa fille Perséphone dans son ventre. À la gauche de Zeus était assis son frère Poséidon, le seigneur de la mer. À côté de lui sont assis les quatre enfants de Zeus : Athéna, les jumeaux Apollon et Artémis, et Dionysos, le plus jeune des dieux. Athéna était la déesse de la sagesse, Apollon, le

dieu de la lumière et de la musique, Artémis, la déesse de la chasse, et Dionysos, le dieu du vin.

Hestia, la sœur aînée de Zeus, était la déesse du foyer et ne possédait pas de trône, mais entretenait le feu sacré dans la salle, et chaque foyer sur terre était son autel. Elle était le plus doux de tous les dieux de l'Olympe.

Hadès, le frère aîné de Zeus, était le seigneur des enfers qui régnait sur toute la vie après la mort. Il préférait

rester dans son lugubre palais des enfers et n'apparaissait presque jamais sur l'Olympe.

Les dieux ne pouvaient pas mourir, car dans leurs
veines coulait l'ichor, le sang divin, au lieu du sang
mortel. La plupart du temps, ils vivaient ensemble en
harmonie, se régalant d'ambroisie et de nectar par-
fumés, mais lorsque leurs opinions s'opposaient, il y
avait de violentes querelles. Alors Zeus prenait un coup
de foudre dans sa main, rétablissant l'ordre, et les dieux
tremblaient et se taisaient, car Zeus seul était plus fort
que tous les autres dieux réunis.

HERA, la belle reine de l'Olympe, était une épouse très
jalouse. Même Zeus, qui n'avait peur de rien, craignait sa rage. Elle détestait toutes les autres épouses, et
lorsque Zeus lui a demandé pour la première fois d'être
sa femme, elle a refusé.

Zeus, usant de sa ruse, créa une tempête, se transforma en un petit coucou et, feignant d'être en danger,
vola dans les bras d'Héra pour se protéger. Ayant pitié
de l'oiseau mouillé, Héra le serra contre elle pour le
réchauffer, et se trouva soudain avec le puissant Zeus
dans ses bras. Par cet acte, Zeus a conquis Héra et toute
la nature a explosé pour célébrer leur mariage. La Terre

nourricière a offert à la mariée un petit pommier, d'où sont nées les pommes d'or de l'immortalité.

Héra chérit l'arbre et le planta dans le jardin des Hespérides, son jardin secret situé loin à l'ouest. Elle plaça un dragon à cent têtes sous l'arbre pour garder les pommes et ordonna aux trois nymphes Hespérides d'arroser et de prendre soin de la plante.

Zeus aimait beaucoup Héra, mais il aimait aussi beaucoup la Grèce rocailleuse. Il se faufilait souvent sur terre, déguisé, pour flirter avec des mortelles. Plus il avait d'amants, plus il avait d'enfants, et c'était tant mieux pour la Grèce! Tous ses fils hériteront d'une partie de sa grandeur et deviendront de puissants héros et souverains. Mais

Héra, dans sa noire jalousie, tourmenta les autres épouses et leurs enfants et même Zeus ne put l'arrêter. Elle savait combien Zeus pouvait être rusé et le surveillait de près. Un jour, alors qu'Héra regardait la terre, elle vit un petit nuage d'orage, sombre là où il ne devrait pas y en avoir. Elle s'est alors précipitée et a filé dans le nuage. Zeus était là, comme elle avait soupçonné, mais il n'y avait avec lui qu'une petite vache, blanche comme la neige. Il avait vu Héra arriver et, pour protéger sa nouvelle épouse Io, il avait transformé la jeune fille en vache. Hélas ! La vache était aussi belle que la jeune fille, et Héra qui n'était pas dupe, fit tout de même semblant de ne rien soupçonner et supplia Zeus de la laisser prendre la petite vache. Zeus ne pouvait rien refuser à sa reine dû lui donner la vache. Héra a alors attaché la pauvre Io à un arbre et a envoyé son serviteur Argus pour veiller sur elle. Argus avait une centaine d'yeux brillants sur tout son corps.

Il était si grand et si fort qu'il avait mis fin, à lui seul, à la monstrueuse Echidna, qui vivait dans une grotte et dévorait tous ceux qui passaient par là. Il était le fidèle serviteur d'Héra et le meilleur des gardiens car il ne fermait jamais plus de la moitié de ses yeux à la fois, même dans son sommeil.

Argus s'est assis à côté de la vache et l'a regardé de tous ses yeux. La pauvre Io devait marcher à quatre pattes et manger de l'herbe. Elle leva ses yeux douloureux vers l'Olympe, mais Zeus était si effrayé par Héra et sa colère qu'il n'osa pas l'aider. Finalement, ne pouvant plus supporter de voir sa détresse, il demanda à son fils Hermès, le plus rusé des dieux, de courir sur terre et de libérer Io.

Hermès se déguisa en berger et s'approcha d'Argos en jouant une mélodie sur son instrument. Argus s'ennuyait beaucoup, n'ayant rien à faire de tous ses yeux à part regarder une petite vache, heureux et content d'avoir enfin une musique harmonieuse et une bonne compagnie.

Hermès s'est assis à côté de lui et, après avoir joué pendant quelques heures, a commencé à raconter une histoire longue et ennuyeuse. Il n'avait ni début ni fin, et était si ennuyeux que cinquante des cent yeux d'Argos se sont fermés dans leur sommeil. Hermès a continué à fredonner et, lentement, les cinquante autres yeux se sont fermés, l'un après l'autre. Rapidement, Hermès toucha

tous les yeux avec sa baguette magique et les ferma à jamais dans un sommeil éternel. Argus s'ennuyait à mourir.

Hermès détacha alors la vache et Io courut chez son père, le dieu du fleuve Inachos. Cependant, le père ne reconnu pas la vache comme étant sa fille, et Io n'arriva qu'à dire : "Mooo !". Mais lorsqu'elle leva son petit sabot et grava son nom "I-O" dans le sable de la rivière, son père comprit immédiatement ce qu'il s'était passé, connaissant Zeus. Inachos se leva du lit de la rivière et se précipita pour se venger du puissant dieu du tonnerre.

Il vola vers Zeus dans une telle rage que pour se sauver, Zeus dû lancer un coup de foudre qui frappa le dieu du fleuve en plein visage. Depuis cet événement, le lit de la rivière Inachos à Arcadia est resté sec.

Héra, furieuse de voir qu'Argus était mort et que la vache Io avait été libérée, envoya un taon féroce pour piquer et chasser la vache. Pour s'assurer que son fidèle serviteur Argus ne soit jamais oublié, elle a décidé de prendre ses cent yeux brillants et de les mettre sur la queue du paon, son oiseau préféré. Les yeux ne pouvaient plus voir, mais ils étaient splendides, ce qui a fortement influencé le paon, faisant de lui le plus vaniteux de tous les animaux.

Chassé par le taon, Io a couru dans toute la Grèce. Pour tenter d'échapper à son aiguillon, elle a traversé le détroit qui sépare l'Europe de l'Asie mineure et qui, à partir de ce moment, a été appelé le Bosphore, le "passage des vaches".

Mais le taon l'a poursuivi jusqu'au pays d'Égypte. Lorsque les Égyptiens ont vu la vache, blanche comme la neige, ils sont tombés à genoux et l'ont adoré.

Elle devint une déesse égyptienne et Héra permit alors à Zeus de lui rendre sa forme humaine, mais il dû d'abord promettre de ne plus jamais regarder Io.

Io a vécu longtemps comme déesse reine d'Égypte et le fils qu'elle avait donné à Zeus est devenu roi après elle. Ses descendants sont revenus en Grèce en tant que grands rois et belles reines. Les souffrances de la pauvre Io ne furent pas, en fin de compte, toutes vaines.

EFESTO , le dieu des forgerons et du feu, était le fils de Zeus et d'Héra. Il était un dieu travailleur et pacifique qui aimait beaucoup sa mère. Il a souvent essayé d'apaiser son tempérament avec des mots gentils. Une fois, il osa même aller contre ses parents en prenant le parti d'Héra, ce qui mit Zeus tellement en colère qu'il prit son fils par les jambes et le jeta hors de l'Olympe. Pendant un jour entier, Héphaïstos a dégringolé, tombant sur la terre. Le soir, il tomba sur l'île de Lemnos avec un coup si fort qu'il fit trembler l'île. Thétis, une douce déesse de la mer, le trouva blessé, elle pansa ses blessures et le soigna pour qu'il retrouve la santé. Zeus par la suite le pardonna et Héphaïstos retourna sur l'Olympe, en marchant désormais comme une flamme vacillante. Son corps était grand et fort et ses mains étaient merveilleusement adroites, mais ses jambes faibles ne pouvaient le soutenir longtemps. Il s'est alors fabriqué deux prothèses en or et en argent pour s'aider.

Les prothèses avaient un cerveau mécanique et pouvaient penser

par elles-mêmes. Elles pouvaient même communiquer avec leurs langues d'argent en assistant Héphaïstos dans son atelier sur l'Olympe. C'est là qu'il a construit les douze trônes d'or des dieux et leurs merveilleuses armes, chars et bijoux.

Il avait aussi des forgeurs à l'intérieur des volcans sur terre : les cyclopes borgnes. Ils ont fait fonctionner ses soufflets et balancé ses lourds marteaux.

Quand Héphaïstos était à l'œuvre, le grondement des marteaux s'entendait à des kilomètres à la ronde et des étincelles jaillissaient du sommet des montagnes.

Tous les dieux de l'Olympe appréciaient Héphaïstos et se rendaient souvent auprès de sa forge pour admirer son travail.

Souvent, même Aphrodite, sa charmante épouse, venait dans son atelier pour admirer les incomparables bijoux qu'il modelait pour elle.

AFRODITE, la déesse de l'amour et de la beauté, était la seule déesse de l'Olympe qui n'avait ni père ni mère. Personne ne savait d'où elle venait. Le vent d'ouest l'avait vue pour la première fois dans la lumière nacrée de l'aube, alors qu'elle émergeait de la mer sur un coussin d'écume. Elle flottait légèrement sur les douces vagues et était si belle à voir que le vent en a presque perdu le souffle. Avec de doux souffles, il l'a transporté jusqu'à l'île fleurie de Cythère, où les trois Grâces l'ont accueillie sur le rivage. Les trois Grâces, déesses de la beauté, devinrent ses assistantes. Elles l'ont habillé de vêtements somptueux, l'ont remplie de bijoux étincelants et l'ont mise dans un char d'or conduit par des colombes blanches. Puis elles l'ont emmené sur l'Olympe où tous les dieux se sont réjouis de sa beauté, lui ont offert un trône d'or et en ont fait l'une des leurs.

Zeus craignait que les dieux se battent contre lui pour la main d'Aphrodite et, pour éviter cela, il lui choisit rapidement un mari. Il la confia à Héphaïstos, le plus solide des dieux, et celui-ci, qui avait peine à croire à sa bonne fortune, mit toute son habileté à lui fabriquer les plus somptueux bijoux. Il lui fit une ceinture d'or finement ouvragée et tissa de la magie dans le filigrane. Ce n'était

pas très sage de sa part, car lorsqu'elle portait sa ceinture magique, personne ne pouvait lui résister.

Aphrodite avait un petit fils espiègle appelé Eros. Il se déplaçait avec un arc et un carquois rempli de flèches, qui étaient des flèches d'amour et qu'il se plaisait à tirer dans le cœur de victimes imprudentes.

Quiconque était touché par une de ses flèches tombait immédiatement amoureux de la première personne qu'il voyait, tandis qu'Eros riait de façon moqueuse.

Une fois par an, Aphrodite revenait à Cythère et plongeait dans la mer d'où elle était venue. Étincelante et jeune, elle sortait de l'eau, aussi fraîche que la rosée du jour où elle a été vue pour la première fois. Elle aimait la gaieté et le charme et n'était pas du tout heureuse d'être l'épouse d'Héphaïstos, toujours fuligineux et travailleur. Dans son coeur, elle aurait préféré avoir son frère Ares comme mari.

ARES, dieu de la guerre, était grand et beau mais très vaniteux, et aussi cruel que son frère Héphaïstos était doux. Eris, l'esprit du conflit, était sa fidèle compagne. Eris était sinistre et méchante, et se réjouissait en causant des problèmes. Elle avait une pomme d'or qui était si brillante que tout le monde voulait l'avoir.

Lorsqu'elle la lança à des ennemis, une guerre éclata, et c'est pour cette raison que la pomme d'or d'Eris fut également appelée la "pomme de la discorde". Quand Arès entendit le fracas des armes, il sourit de joie, mit son casque brillant et sauta dans son char de guerre.

Brandissant son épée comme une torche, il s'est précipité au milieu de la bataille, sans se soucier de qui gagnait ou perdait, du moment que du sang était versé, et c'était un assez bon prétexte pour

participer, pour lui. Une foule féroce l'a suivi sans crainte, apportant avec elle la douleur, la panique, la famine et l'oubli.

De temps en temps, Ares lui-même était blessé. Il était immortel, mais il ne supportait pas la douleur et criait si fort qu'on l'entendait à des kilomètres à la ronde. Puis il courait jusqu'à l'Olympe, où Zeus, dégoûté, le traitait du pire de ses enfants et lui disait d'arrêter de crier. Ses blessures, traitées avec l'huile des dieux, furent rapidement guéries, Arès revint plus sain que jamais et s'assit sur son trône, grand, beau et glorieux, le panache de son casque d'or ondulant fièrement.

Aphrodite l'admirait pour sa splendide apparence, mais aucun des autres dieux ne l'appréciait, surtout pas sa demi-sœur Athéna. Elle détestait ses effusions de sang vaines et insensées.

ATHENA, la déesse de la sagesse, était la fille préférée de Zeus. Elle avait grandi dans la tête de son père.

Sa mère était Métis, déesse de la prudence, première épouse de

Zeus. Il dépendait d'elle, car il avait besoin de ses sages conseils, mais la Terre nourricière le prévint que si Métis lui donnait un fils, elle l'usurperait tout comme Zeus avait chassé Cronus, son père, de son trône, qui avait à son tour fait de même à son propre père, Uranus. Cela ne doit pas arriver, pensa Zeus, mais il ne pouvait se passer de sa conseillère préférée, alors au lieu de la tuer, il décida de l'avaler. Malin, il leur propose de jouer à un jeu de métamorphose, et Métis, oubliant sa prudence, s'amuse alors à se transformer en toutes sortes d'animaux, petits et grands. Juste au moment où elle avait pris la forme d'une petite mouche, Zeus ouvrit grand la bouche, prit une profonde inspiration et avala la mouche. Métis, avalée, ne pouvait rien faire d'autre que de s'asseoir dans sa tête et de le guider à partir de là.

Métis, prête à accoucher, elle décida de construire un objet pour le bébé à venir, elle s'assit donc dans la tête de Zeus et commença à marteler un casque et à tisser une magnifique robe de chambre.

Bientôt, Zeus a commencé à souffrir de graves maux de tête et à crier à l'agonie. Tous les dieux accoururent pour l'aider, et l'habile Héphaïstos saisit ses outils et ouvrit le crâne de son père. Bientôt Athéna émergea, vêtue et casquée, ses yeux gris étincelants. Le tonnerre a grondé et les dieux se sont tenus en respect.

Le compagnon constant d'Athéna était toujours Nike, l'esprit de la victoire. Avec Nike à ses côtés, Athéna a dirigé des armées, mais seulement celles qui se battaient pour des justes causes. En temps de paix, elle allait chercher les artistes de la Grèce et leur enseignait les arts les plus beaux et les plus utiles. Elle était très fière de ses compétences au métier à tisser et au tour de potier, mais elle était aussi heureuse de voir ses élèves exceller, à condition qu'ils lui témoignent le respect qu'elle s'impose.

L'une de ses élèves était Arachne, une simple fille de la campagne qui était merveilleusement habile au métier à tisser. Les gens venaient de loin pour admirer son tissage. Un jour, elle se vanta de n'avoir rien appris d'Athéna, voire d'être meilleure que la déesse !

Cela blessa l'orgueil de la déesse qui, déguisée en vieille femme, alla voir la jeune fille et tenta de la raisonner.

"Ton travail est bon", a-t-elle dit, "mais pourquoi te comparer aux dieux ? Pourquoi ne pas être heureux d'être le meilleur parmi les mortels ?".

« Que la déesse Athéna en personne vienne mesurer son habileté à la mienne» répondit Arachné d'un air hautain.

En colère, Athéna retira son déguisement devant la fille dans toute sa gloire.

"Vaine fille", a-t-elle dit, "tu peux avoir ton souhait". Assieds-toi à ton métier à tisser et laisse-moi concourir."

Athéna créa la plus belle tapisserie jamais vue : chaque fil et nœud était parfait et les couleurs brillaient. Elle était digne des dieux de l'Olympe dans toute leur gloire et leur majesté.

La tapisserie d'Arachné était également magnifiquement tissée ; Athéna elle-même devait admettre que le savoir-faire de la jeune fille était impeccable. Mais quel genre d'image avait-elle tissé ? Une scène irrévérencieuse se moquant de Zeus et de ses femmes !

En colère, la déesse déchira la tapisserie en morceaux et frappa la jeune fille avec la navette.

Aussitôt, Arachné sentit sa tête se réduire à presque rien, ses doigts agiles se transformèrent en longues jambes poilues. Athéna l'avait transformée en araignée.

"Vaine fille, continue à filer ton fil et à tisser ta toile vide pour toujours", dit Athéna à Arachné, maintenant sous forme d'araignée. Athéna était une déesse juste et pouvait être très stricte. Elle savait que les dieux n'étaient grands qu'aussi longtemps qu'ils étaient correctement vénérés par les mortels.

Athéna aimait beaucoup une certaine ville de Grèce, et son oncle Poséidon aussi. Tous deux revendiquèrent la ville, et après une longue discussion, ils décidèrent que celui qui pourrait lui offrir le plus beau cadeau pourrait l'avoir.

À la tête d'un cortège de citoyens, les deux dieux se rendirent à l'Acropole, où le rocher au sommet plat couronnait la ville. Poséidon frappa la falaise avec son trident, et une source jailli soudain. Les gens s'émerveillaient, mais l'eau était aussi salée que la mer sur laquelle régnait Poséidon. Puis ce fut le tour d'Athéna, qui offrit à la

ville son cadeau : elle avait planté un olivier dans une fente de la roche, et c'était le premier olivier que les gens avaient jamais vu. Le cadeau d'Athéna fut jugé le meilleur des deux, car il fournissait de la nourriture, de l'huile et du bois, et dès ce moment, la ville lui appartenait. Depuis son magnifique temple au sommet de l'Acropole, Athéna veillait sur Athènes, désormais sa ville, avec une chouette sage, son oiseau symbolique, sur son épaule. Sous sa direction, les Athéniens sont devenus célèbres pour leurs arts et leur artisanat.

POSEIDON , seigneur de la mer, était un dieu lunatique et violent. Ses yeux bleus féroces perçaient le brouillard, et ses cheveux bleu marine descendaient jusqu'à ses épaules. On l'appelait le "terrien", car lorsqu'il frappait la terre avec son trident, celle-ci tremblait et d'immenses fissures se créaient. Lorsqu'il frappait la mer, les vagues s'élevaient sur les montagnes et les vents hurlaient, détruisant les navires et noyant ceux qui vivaient près des eaux. Mais lorsqu'il était d'humeur calme, il tendait la main, arrêtait la mer et faisait surgir de nouvelles terres des eaux.

Au temps de Cronus et des Titans, la mer était gouvernée par Nereus, fils de la Terre Mère et de Pontus. Nereus était un vieux dieu de la mer avec une longue barbe grise et une queue de poisson. Il était le père de cinquante nymphes de la mer, les belles Néréides.

Lorsque Poséidon vint s'emparer du royaume des mers, le vieux Nereus, bienveillant, lui donna sa fille Amphitrite comme reine et se retira dans une grotte sous-marine. Il donna au nouveau roi et à la nouvelle reine son palais au fond de la mer. Il était fait d'or pâle et se trouvait dans un jardin de coraux et de perles scintillants. Amphitrite y vivait heureuse, entourée de ses quarante-neuf sœurs néréides.

Elle eu un fils unique, qui s'appelait Triton. Il avait une queue de poisson à la place des jambes, comme son grand-père Nereus, et se déplaçait sur le dos d'un monstre marin en utilisant un coquillage comme trompette.

Poséidon était rarement à la maison. C'était un dieu agité qui aimait courir sur les vagues avec son équipe d'hippocampes blancs. Comme son frère Zeus, Poséidon avait de nombreuses femmes et enfants, mais Amphitrite ne ressentait pas la même jalousie que celle qui affligeait la déesse Héra. L'une des îles que Poséidon a fait sortir de la mer est Delos et elle est si récente qu'elle flotte encore de manière incertaine sur l'eau. La petite île est stérile, rien n'a pu jaillir de son sol à part un seul palmier. Deux grands dieux sont nés dans son ombre : Apollon et Artémis. Zeus avait épousé la déesse Léto, et lorsque Héra découvrit que Léto attendait des jumeaux, elle devint furieuse, aveuglée par la jalousie, et ordonna à tous les pays du monde d'interdire l'abri à la déesse Léto.

Bannie de tous les pays, la pauvre Leto errait de lieu en lieu à la recherche d'un endroit où elle pouvait donner naissance à ses jumeaux. Finalement, elle arriva à Delos et la petite île l'a accueillie. Comme elle flottait encore et n'était pas tout à fait stationnaire, elle n'était pas liée aux ordres d'Hera. Épuisée, Léto s'allongea à l'ombre du palmier, mais elle ne pouvait pas encore donner naissance à ses jumeaux,carHéraavait-interditàllithyia,ladéessede l'accouchement, de venir la voir. Sans son aide, elle n'aurait pu donner naissance à aucun enfant.

Les autres déesses eurent alors pitié de Léto et essayèrent d'influencer Héra en lui offrant un magnifique collier de neuf mètres de long fait d'or et d'ambre, et la déesse laissa ainsi Ilithyia partir jusqu'à Leto trainée par Iris le long de l'arc-en-ciel. Le premier enfant de Leto était Artémis, une fille aussi belle que la lune, avec des cheveux aussi noirs que la nuit. Elle deviendra la déesse de la chasse et de toutes les créatures naissantes. Puis fut le tour d'Apollon, beau comme le soleil, qui vint au monde et devait être le dieu de la musique, de la lumière et de la raison. Zeus fut rempli de joie à la vue de ses beaux jumeaux et leur donna un arc en argent et un carquois plein de flèches. Les flèches d'Artémis étaient douces comme des rayons de lune et apportaient une mort indolore, tandis

que celles d'Apollon étaient dures et pénétrantes comme les rayons du soleil. Zeus bénit l'îlot sur lequel étaient nés ses beaux enfants et le fixa au fond de la mer. De l'herbe et des fleurs sont sorties de la terre stérile et Délos est devenue la plus riche de toutes les îles grecques.

Les pèlerins y affluaient souvent et la chargeaient de temples et de trésors pour honorer Léto et ses jumeaux.

APOLLON grandit rapidement, comme tous les dieux, et lorsqu'il fut adulte, Zeus l'envoya sur un char tiré par des cygnes blancs pour conquérir l'oracle de Delphes.

Aucun lieu en Grèce n'était aussi sacré que Delphes, sur les pentes

abruptes du mont Parnasse, dont les vapeurs sul- fureuses s'élevaient d'une profonde fente dans le flanc de la montagne.

Une sibylle, prêtresse de Delphes, était assise sur un rocher au- dessus de la fente, tandis que les vapeurs de la montagne la propulsait dans un sommeil magique qui lui permettait de voir ce que l'avenir réservait à la planète. En effet, dans ses rêves, la sibylle entendait la voix de la Terre Mère qui s'élevait des profondeurs et elle répétait les mots mystiques qu'elle entendait. Les prêtres se tenaient autour de la jeune fille et ex- pliquaient le sens de ses prophéties murmurées aux pèlerins venus à l'oracle de Delphes pour connaître leur avenir.

L'oracle était gardé par le sombre dragon Python, qui était enroulé autour du lieu sacré.

La vieillesse l'avait rendu méchant et de si mauvaise humeur que les nymphes vivant à proximité fuyaient la source sacrée et que les oiseaux n'osaient plus chanter dans les arbres environnants.

L'oracle avait prévenu Python que le fils de Léto le détruirait un jour, puisque Python avait tenté de dévorer Léto alors qu'elle cherchait un endroit pour donner naissance à ses enfants. Lorsque le vieux dragon noir vit Apollon rayonnant voler vers lui dans son char d'or, il sut que sa dernière heure était venue, mais il décida de ne pas abandonner.

Il déchaîna sa fureur, crachant feu et venin, et son corps noir et écailleux ne cessa de se tordre et de s'enrouler jusqu'à ce qu'Apollon le transperce de mille de ses flèches d'argent. Le poison du dragon coulait en torrents sur le flanc de la montagne, et ainsi, l'oracle de Delphes devint celui d'Apollon.

Il y avait maintenant de la lumière et de la joie sur les pentes autrefois solitaires du Mont Parnasse. L'air était rempli de douces mélodies alors que les oiseaux du ciel et les nymphes de la source sacrée revenaient chanter les louanges d'Apollon. La voix du jeune Dieu s'est élevé au-dessus de toutes les autres parce qu'il était avant tout le dieu de la musique.

ARTEMIS, alors qu'elle était encore un bébé, elle alla voir son père Zeus et lui demanda d'exaucer un vœu. Elle voulait rester à jamais une jeune fille sauvage chassant dans les bois et lui demandait de promettre de ne jamais l'épouser. Zeus accepta et en plus de cela, la jeune fille lui demanda cinquante nymphes comme compagnes et une meute de chiens de chasse aux oreilles tombantes. Son père lui donna tout ce qu'elle demandait et elle prit elle-même quatre cerfs aux bois dorés et les attela à son char d'argent.

Lorsque la lumière magique de la lune éclairait les collines et les vallées boisées, Artémis chassait avec ses nymphes et ses chiens. Après une chasse sauvage, la déesse aimait se baigner dans un lac tranquille et malheur aux mortels qui la voyaient alors !

Une nuit, par hasard, un jeune chasseur appelé Actéon tomba sur le plan d'eau dans les bois où Artémis et ses nymphes se baignaient. Le jeune homme aurait dû fuir sans hésiter, mais au lieu de cela, il resta enchanté par la vue de la déesse. Artémis était plein de rage! Pendant que les nymphes lui jetaient une tunique sur les épaules, la déesse plongeait sa main dans l'eau en jetait une poignée à Actéon. Dès que les gouttes d'argent ont touché son front, des cornes ont poussé, et rapidement le jeune homme a été transformé en cerf. Ses

propres chiens lui ont sauté dessus et, à sa grande horreur, il n'a pas pu émettre un son humain pour les rappeler. Ils l'ont dévoré vivant, sans savoir que le cerf était en fait leur maître.

"Aucun mortel ne vivra pour se vanter d'avoir vu Artémis se baigner", dit la déesse, qui reprit son arc et ses flèches et continua à chasser avec ses nymphes. Artemis était une déesse froide et impitoyable.

Apollon et Artémis, bien que différents comme le jour et la nuit, s'appréciaient beaucoup et adoraient tous deux leur mère. Personne ne pouvait dire un mot qui dépréciait la douce Leto sans susciter la colère de ses jumeaux.

A la même époque, il y avait une reine de Thèbes appelée Niobé. Elle était belle, riche et heureuse avec quatorze enfants. Zeus lui- même était son grand-père, et elle en était très fière.

"Pourquoi vénérer Leto ?" a-t-elle dit à son peuple. "Construisez-moi un temple et adorez-moi en son lieu. J'ai sept fils et sept filles, alors que vous n'en avez que deux."

Quand Apollon et Artémis ont entendu cela, ils étaient très en colère. Le manque de respect de Niobé ne pouvait pas rester impuni.

Apollon a décoché ses rudes flèches sur les sept fils de Niobé, en les arrachant à la vie dans la fleur de l'âge.

Artémis lança alors sur les sept filles ses flèches qui leur apportèrent une mort indolore, si bien que les jeunes filles s'allongèrent en silence sur leur lit et moururent.

Le cœur fier de Niobé fut brisé, elle pleura si longtemps que les dieux eurent finalement pitié d'elle et la transformèrent en un rocher insensible. Pourtant, à l'intérieur du rocher, une source jaillit et une eau semblable à des larmes ruisselle sur la face de la pierre dure.

Apollon a eu de nombreuses épouses, mais Zeus a tenu sa promesse à Artémis et ne l'a jamais épousée. Il n'a promis qu'une seule fois sa main à un prétendant, mais c'était une promesse qu'il n'avait pas l'intention de tenir. Le prétendant était Otus, un géant, fils de Poséidon.

Otus et son frère Ephialtès mesuraient près de 20 mètres et même lorsqu'ils ont atteint l'âge adulte, ils ont continué à grandir. Les dieux les observaient avec inquiétude, car un oracle avait prédit que ni les dieux ni les mortels ne seraient capables de tuer les frères géants.

La Terre Mère en voulait toujours à Zeus d'avoir abandonné ses enfants, les Titans, dans le Tartare, et espérait qu'Otus et Ephialtès deviendraient assez grands et forts pour l'usurper.

Une nuit, alors que les frères dormaient, l'oreille collée au sol, ils entendirent la Terre nourricière murmurer que de si grands et beaux jeunes hommes ne devaient pas se laisser gouverner par Zeus. C'est exactement ce qu'ils pensaient eux-mêmes, car ils étaient plutôt vaniteux. Ils ont soulevé les montagnes, les ont empilées les unes sur les autres et ont construit une nouvelle grande montagne aussi haute que l'Olympe. Du sommet, ils appelèrent Zeus et lui dirent de leur céder ses pouvoirs et de sortir de son palais avec les autres dieux. Otus s'est écrié qu'Artémis pouvait rester et devenir son épouse, et qu'Ephialtès prendrait Héra.

Les deux déesses tournèrent la tête avec mépris, et Zeus lança ses foudres sur les traîtres avec fureur. Les foudres de Zeus les frappèrent mais ne firent aucun dégât, et lorsqu'Arès se précipita pour les combattre, ils l'attrapèrent et le fourrèrent dans une jarre de bronze dont ils fermèrent le couvercle.

Pour la première fois, Zeus était vraiment inquiet, mais Apollon, le dieu de la raison, a dit que si personne ne pouvait les tuer, ils devraient les inciter à s'entretuer. Artemis devrait prétendre être amoureuse d'Otus. Otus sourit lorsqu'Apollon lui dit qu'Artémis avait accepté sa proposition et l'attendait sur l'île de Naxos. Cela avait rendu Ephialtes jaloux. Pourquoi Héra n'était-elle pas tombée amoureuse de lui ? N'était-il pas aussi beau que son frère ? Mais il a ravalé sa fierté et s'est rendu à Naxos avec son frère pour rencontrer sa fiancée.

Quand Artémis vit les deux frères arriver, elle se transforma rapidement en cerf blanc et courut dans leur direction.

Elle courut vers eux et les frères, qui étaient des chasseurs avides, lancèrent leurs lances sur la biche. Elle les esquiva habilement et les deux frères tombèrent au sol, chacun transpercé par l'arme de l'autre. Ni les dieux ni les mortels ne pouvaient tuer les frères géants, mais ils avaient mis fin à leurs vies respectives et furent jetés dans le Tartare, liés dos à dos par des serpents qui les liaient et les tordaient.

Tous les dieux remercièrent Artémis de les avoir sauvés et sortirent Arès de la jarre où il était enfermé depuis le début, gémissant et criant.

Orion était un autre fils géant de Poséidon, mais contrairement à Otus et Ephialtes, il était modeste.

C'était un grand chasseur, aucune bête ne pouvait échapper à sa masse et à son épée ornée de bijoux, mais il n'oubliait jamais de louer Artémis, le plus grand de tous les chasseurs.

Un jour, Orion, qui pouvait marcher sur l'eau comme sur la terre, arriva sur l'île de Chios. L'île était infestée de lions, de loups et de sangliers qui rugissaient et hurlaient si fort la nuit que le roi de Chios ne pouvait pas dormir.

Le roi avait promis à Orion la main de sa fille s'il pouvait débarrasser l'île de toutes les bêtes sauvages.

La fille du roi était belle, le plus grand trésor de son père, et Orion partit à la chasse comme il ne l'avait jamais fait auparavant. Bientôt, il ne fut plus une bête sauvage, mais le roi ne voulut pas se séparer de sa fille et prétendit qu'il entendait encore le hurlement des loups la nuit. Orion se mit en colère et menaça d'emmener avec lui la princesse, mais le roi l'apaisa avec des mots doux, et l'envoya chercher du vin en remplissant emplit sa coupe si souvent qu'Orion but trop et s'endormit. Le mauvais roi l'a alors rendu aveugle.

"Maintenant, voyons si vous pouvez emmener ma fille", lui a-t- elle dit.

Aveugle et impuissant, Orion quitta Chios et tituba sur les mers à la recherche du soleil, qui, il le savait, pourrait lui rendre la vue, mais il ne trouva pas le bon chemin. De loin, il entendit les marteaux des Cyclopes et suivit le son jusqu'à la forge d'Héphaïstos sur l'île de Lemnos. Le dieu bienveillant a eu pitié de lui et lui a prêté un cyclope pour lui montrer le chemin vers l'Est.

Avec le cyclope sur ses épaules qui avait la tâche de voir pour lui, Orion a continué à marcher jusqu'à ce qu'il rencontre le soleil levant. Le soleil a laissé ses rayons guérisseurs jouer sur les yeux aveugles d'Orion, qui a retrouvé la vue. Le géant furieux se précipita immédiatement pour se venger du roi menteur, mais lorsqu'il arriva, le palais était vide, car le roi avait vu son ombre énorme et

menaçante se refléter sur l'île et s'était enfui avec sa fille. De nouveau, Orion partit à la chasse mais oublia rapidement le roi et la belle princesse. Il marcha d'île en île et après de nombreuses heures, il arriva sur l'île de Crète, où il rencontra la déesse Artémis. Elle était heureuse de le voir, car il savait chasser comme elle et était très modeste, une qualité que la déesse appréciait beaucoup. Ensemble, ils sont allés à la chasse aux chèvres sauvages et ont apprécié la compagnie l'un de l'autre. Orion est le seul homme qu'Artémis ait jamais aimé, et son frère Apollon en devint jaloux. Un jour, alors qu'Artémis était absente, il a envoyé un énorme scorpion pour attaquer Orion. La masse et la puissante épée d'Orion n'étaient d'aucune aide contre la queue empoisonnée du scorpion qui a piqué son talon.

Artémis n'a pas du tout apprécié le geste de son frère lorsqu'elle est revenue pour trouver son compagnon de chasse mort. Mais elle ne put rester longtemps en colère contre son jumeau et il l'aida à accrocher l'image d'Orion dans les cieux, la transformant en constellation pour que le grand chasseur ne soit jamais oublié.

Sur la mer houleuse de l'hiver, la constellation d'Orion brille, énorme et menaçante, et les nuages sombres fuient devant son image comme des animaux sauvages. Mais en été, lorsque la constellation du Scorpion se lève à l'horizon, Orion commence à se balancer et à tituber, puis, à son tour, s'enfuit et disparaît dans l'océan.

HERMES , le plus joyeux des dieux de l'Olympe, est le dieu des bergers, des voyageurs, des marchands, des voleurs et de tous ceux qui vivent de leur esprit.

Sa mère Maia, fille d'un Titan, vivait dans une grotte sur le haut mont

Cyllène, une grotte si profonde et si cachée que Héra n'a jamais su que Maia était l'une des épouses de Zeus. Là, elle a eu l'occasion de donner naissance en paix à son fils Hermès.

Hermès était très précoce, même pour un dieu. Sa mère l'avait à peine enveloppé et mis dans un panier qu'il se mit à penser avec malice.

Dès qu'elle se fut endormie, il se déshabilla et sorti de la grotte sur la pointe des pieds. Dans l'obscurité de la nuit, il se glissa dans le pâturage où Apollon gardait un grand troupeau de vaches blanches. Apollon aimait la musique plus que les vaches et n'avait même pas remarqué qu'Hermès s'était introduit dans le pâturage et avait choisi les cinquante meilleures vaches.

Pour empêcher Apollon de savoir qui avait volé son troupeau et quel chemin il avait pris, Hermès a subrepticement enveloppé les sabots des vaches dans de l'écorce pour cacher leurs empreintes et a attaché des balais à leur queue pour effacer leurs propres traces. Pour confondre davantage Apollon, il a poussé les vaches hors du pâturage à reculons et a attaché des fagots de branches à leurs pieds, de sorte qu'on aurait dit qu'un géant était entré dans le pâturage et qu'il ne restait plus rien. Il s'est précipité chez lui, sur le mont Cyllène, et a caché les vaches volées dans un fourré. Il a sacrifié deux vaches aux douze dieux de l'Olympe, sans oublier de s'inclure comme douzième ! Puis il a pris des parties des vaches sacrifiées, en a fait sept cordes et les a attachées fermement à une carapace de tortue vide. Quand il pinçait les cordes, elles produisaient la musique la plus majestueuse de toute la Grèce. Il avait inventé la première lyre. Satisfait de lui-même, il a mis la lyre sous son bras et est rentré dans la grotte sur la pointe des pieds. Il monta dans son panier, ferma les yeux et fit semblant de dormir, mais il ne trompa pas sa mère. Elle savait très bien ce qu'il avait fait. "Honte à toi", a-t-elle dit, "tu te faufiles la nuit et tu voles les vaches d'Apollon".

"Maman !" dit Hermès. "J'ai fait ce que je devais faire pour toi et pour moi." "Nous ne voulons pas vivre éternellement dans cette grotte sombre. Bientôt, je serai assis sur le haut Olympe comme l'un des douze grands dieux, et toi aussi tu y vivras dans la gloire comme ma mère." Puis il a sorti sa lyre et a joué une berceuse à sa mère.

A' l'aube, Apollon se précipita dans la grotte où Hermès, couché dans son panier, faisait semblant de dormir, mais Apollon n'était pas dupe car un oracle lui avait annoncé qu'il avait volé son troupeau. Le dieu de la lumière ordonna au petit Hermès de sortir du berceau et exigea qu'il rende immédiatement les vaches qu'il avait volé. "Comment aurais-je pu voler vos vaches ?" Hermès a pleurniché, "Je ne suis qu'un bébé. Je ne sais même pas ce qu'est une vache. Regardez par vous-même et vous verrez qu'il n'y a pas une seule vache cachée dans cette grotte."

"Tu n'es pas seulement un voleur, tu es aussi un menteur", dit Apollon en colère et prenant Hermès avec lui directement à l'Olympe.

Tous les dieux ont éclaté de rire en voyant le petit Hermès à l'air innocent courir avec un Apollon furieux sur ses talons.

"Dis à ce voleur et menteur de me rendre mes vaches sur-le- champ", dit Apollon à son père, Zeus.

"Dites à mon grand frère d'arrêter de m'intimider. Je ne suis qu'un bébé, un bébé sans défense. Et je ne suis pas un menteur", a déclaré Hermes. "Il n'y a pas de vache dans la grotte de ma mère." "S'ils ne sont pas dans la grotte, alors montre à Apollon où ils sont", dit Zeus en cachant un sourire dans sa barbe. Il était fier de ses deux fils et voulait que les deux deviennent amis.

Hermès dut obéir à son père et sans autre forme de procès conduisit son frère dans les bois où les vaches étaient cachées. Apollon le pardonna, mais lorsqu'il a compté ses vaches et découvert qu'il en manquait deux, sa colère a repris. Hermès s'y attendait et sortit rapidement sa lyre en la jouant. Apollon écouta, envoûté, les mélodies harmonieuses du nouvel instrument de musique et oublia complètement sa colère et le geste d'Hermès. En tant que dieu de la musique, il voulait obtenir la lyre et offrit à Hermès tout son troupeau en échange de l'instrument. Dès lors, les deux frères sont également devenus les meilleurs amis du monde.

Plus jamais Hermès ne vola, même s'il était le dieu des voleurs. Il n'a plus jamais raconté de mensonge, même si cela ne signifie pas qu'il a toujours dit toute la vérité. Sa mère, Maia, n'avait plus aucune raison d'avoir honte de lui. En tant que mère de l'un des douze grands Olympiens, elle a rejoint avec lui la gloire de l'Olympe.

Zeus était si satisfait de l'esprit d'Hermès qu'il en fit le héros des dieux. Il lui a donné un chapeau d'or avec des ailes, une paire de sandales ailées et une cape sous laquelle il pouvait cacher ses tours de magie. En un instant, il pouvait se déplacer d'un en-

droit à l'autre. LepetitHermèsmettaitdesmotsd'esprit-
surlalanguedes politiciens et aidait les marchands à
faire de bonnes affaires. Il était aussi populaire auprès
des mortels que des dieux. Même Héra l'appréciait. Elle
ne s'est mise en colère contre lui qu'une seule fois,
lorsqu'il a tué son serviteur aux cent yeux, Argos.

Elle se mit tellement en colère qu'elle exigea d'être puni
et appela tous les dieux, grands et petits, à siéger en
conseil et à le juger.

Chaque dieu a reçu un caillou et on lui a demandé
de voter selon sa décision. Ceux qui jugeaient Hermès coupable du crime devaient jeter leurs cailloux aux
pieds d'Héra, tandis que ceux qui le pensaient innocent
devaient jeter leurs cailloux aux pieds du petit dieu.

Hermès a bien parlé pour sa défense. C'était un crime
d'ennuyer quelqu'un à mort ? a-t-il demandé. Après
tout, c'est ce qu'il avait fait à Argos. Les dieux ap-
plaudirent et nombreux furent ceux qui jetèrent leurs
votes aux pieds d'Hermès, si bien qu'il fut complètement enseveli sous un tas de cailloux.

Depuis lors, les voyageurs placent des tas de pierres le long des routes, croyant qu'Hermès les aidera à trouver le bon chemin.

Hermès guidait également ceux qui partaient pour leur dernier voyage

vers Hadès.

ADE, le seigneur des morts, était un dieu sombre et peu loquace. Les mortels le craignaient tellement qu'ils n'osaient pas prononcer son nom car ils risquaient d'attirer son attention en les appelant avant qu'il ne le fasse. Au lieu de Hadès, on l'appelait le Riche, et c'était bien le cas, car tous les trésors de la terre lui appartenait. On l'appelait aussi l'Hospitalier, car dans son royaume souterrain désolé, il avait toujours de la place pour une autre âme morte.

Hermès guidait les âmes des morts jusqu'aux rives du Styx, un fleuve trouble et stagnant qui coulait autour des enfers. C'était ensuite à la charge du passeur Charon de conduire les âmes.

S'ils avaient l'argent pour payer le billet, Charon les laissait traverser, sinon il refusait de les laisser monter à bord. Ceux qui ne pouvaient pas payer devaient errer jusqu'à ce qu'ils trouvent l'entrée de l'Hadès.

C'est pourquoi il était de coutume dans l'Antiquité, lorsqu'un homme mourait, que ses proches lui mettent une pièce sous la langue afin qu'il puisse l'utiliser pour payer son passage dans l'au-delà.

Tôt ou tard, tous les mortels doivent passer dans l'Hadès. Une fois qu'elles entrent dans son royaume, les âmes volent pour toujours comme des feuilles sèches dans un vent froid d'automne.

Cerbère, le chien de garde à trois têtes des enfers, se tenait aux portes, laissant entrer les âmes des morts, mais une fois qu'elles

avaient passé ses dents grinçantes et sa queue hérissée de pointes, elles ne pouvaient plus repartir.

Hadès vivait dans un palais sombre et lugubre avec sa reine de glace, Perséphone, une déesse belle mais silencieuse et morose comme son mari. La raison de cette humeur était simple : elle n'était pas heureuse. Elle n'était pas venue régner sur le monde souterrain de son plein gré.

CHAPITRE 4

CURIOSITÉ

Harpies : Dans la mythologie grecque, les harpies (c'est-à-dire les "kidnappeuses") sont des créatures monstrueuses ayant le visage d'une femme et le corps d'un oiseau. L'origine de leur mythe peut être attribué à une personnification de la tempête. " Sur les îles Strophes de la mer Ionienne, il y avait des monstres, des harpies, en forme d'oiseau, mais avec un visage de vierge, qui pouvaient parler des langues humaines. Elles étaient toujours insatiables, animées par une faim enragée, et arrachaient la nourriture de la main du mangeur avec leurs griffes crochues".

Atteóne : Selon les Métamorphoses d'Ovide, le prince chasseur, lors d'une partie de chasse, aperçu Diane à une source. Il est donc transformé par elle en cerf.

Centaures : Créatures sauvages et grossières, mi-homme, mi-cheval, ce sont des animaux barbares qui vivent dans les montagnes et mangent de la viande crue. Ils sont liés à de nombreux mythes. Un monstre avec un torse humanoïde de la tête à la taille est greffé sur le cheval. Traditionnellement, ils sont représentés par des chasseurs. La légende la plus célèbre concernant les Centaures est raconte le fait qu'ils ont été vaincus par les Lapithes de Thessalie. Le mythe raconte également que le Centaure fut détruit par Héraclès, conduit en Thessalie et confiné sur les pentes du mont Pindos.

Cyclopes : Ce sont des dieux géants à un œil. Ils sont considérés comme de nobles connaisseurs de l'art du travail du fer et comme les assistants du dieu du feu Héphaïstos. Homère n'a nommé qu'un seul d'entre eux, Polyphème, qui a fait prisonnier Ulysse et ses compagnons.

Furies : Furies dans la mythologie romaine. Elles sont également appelées Dire par Virgile ; dans la religion et la

mythologie grecques, ce sont des déesses de la vengeance, en particulier pour ceux qui ont fait du mal à des proches ou à des membres de leur famille. Elles sont représentées comme des serpents équipés d'esprits de chasse, parfois dotées d'ailes.

Méduse : également appelée Gorgone, est un monstre qui effraie aussi bien les hommes que les dieux. Elle est représentée avec la tête coupée, entourée de serpents, et quiconque tente de la regarder dans les yeux est immédiatement transformé en pierre. Selon la mythologie, Méduse était la seule créature mortelle des trois Gorgones : elle vivait avec ses sœurs dans une grotte du jardin des Hespérides, près du royaume des morts.

Minotaure : Personnage monstrueux à corps humain et à tête de taureau qui était prisonnier du labyrinthe de l'île de Crète, comme nous le verrons plus tard. Le palais de Cnossos et ses innombrables salles sont liés à ce mythe.

Les Heures : Les Heures étaient les sœurs des Moires et étaient considérées comme les gardiennes du Mont Olympe. Au début, elles étaient trois et représentaient le déroulement régulier du temps, suivant l'alternance des saisons (printemps, été et automne confondus, hiver) ; puis une quatrième a été ajoutée (allusion à l'automne). Plus tard, à l'époque romaine, elles sont devenues le symbole des heures réelles, passant à 12 et enfin à 24. Irène est la personnification et la divinité de la paix (elle est ensuite entrée dans le panthéon romain). Cette dernière est l'une des trois Heures (Eunomia=Bon gouvernement, Dike=Justice et Irène=Paix) d'Hésiode.

Muses : Elles sont les neuf sœurs filles de Jupiter et de la Mémoire et gouvernent l'inspiration poétique et toutes les activités intellectuelles. Elles vivent sur le mont Parnassus. Les déesses muses sont très importantes dans la religion grecque : elles représentent l'idéal suprême de l'art et sont comprises comme la vérité de la "totalité" ou de "l'éternité sacrée". La statue de la muse est enveloppée dans de longs chitons, avec des rideaux doux, et quelques attributs

(tels que guzheng, arcs, parchemin, globe, etc.). L'art de la Renaissance et du Maniérisme a adopté le thème des neuf déesses "muses", représentées comme des vierges vêtues de robes et de voiles souples, dansant principalement autour d'Apollon, avec des attitudes variées. Avant Exodus, il y avait beaucoup plus de muses, mais dans sa Théogonie, il a décidé qu'il y en aurait neuf, sans définir leurs tâches spécifiques. Elles étaient considérées comme les dépositaires de la mémoire et du savoir. Ceux qui osaient les défier étaient sévèrement punis, comme les Sirènes qui, voulant démontrer leur suprématie sur les Muses, perdirent leurs ailes.

LES GRANDS MYTHES

LE MYTHE DE PROMETHEUS

Prométhée, en grec, signifie "celui qui prévoit". C'était un Titan, fils de Japetus et de la fille de l'océan Asia. C'était un voyant, loyal et compatissant. Il n'avait pas une grande admiration ni une grande foi en Zeus, aussi le mit-il tout de suite à l'épreuve : il tua un taureau et cacha la meilleure viande dans sa peau, puis fit un plus gros tas avec les os et la graisse et Zeus, comme prévu, choisit le plus gros tas. Pour se venger de cette tromperie, Zeus ordonna à Héphaïstos, le dieu que les Latins identifiaient à Vulcain, de construire une femme d'une beauté incroyable et de lui donner vie grâce à une étincelle de feu. Tous les dieux se préparèrent à faire un cadeau à la splendide créature : Athéna lui donna l'aptitude aux travaux féminins, Aphrodite la grâce, Hermès le courage et la ruse envoûtante. En raison de tous les cadeaux qu'elle avait reçus, la jeune fille fut appelée Pandore, ce qui signifie en grec "tous les cadeaux". Finalement, Zeus lui avait donné un vase fermé, un vase qui ne devait jamais être ouvert.

Pandore avait donc été envoyée sur terre pour épouser Epiméthée, qui signifie en grec "celui qui n'a que du recul", le frère

de Prométhée. Epiméthée, qui est connu pour agir par impulsion, est tombé amoureux de Pandore dès qu'il l'a vue et a décidé de l'épouser, faisant fi des paroles de son frère qui lui conseillait de se tenir éloigné de tout ce qui venait de Zeus. Pandore épousa alors Epiméthée et bien que le cadeau de Zeus était clair, la curiosité féminine l'emporta et elle voulu ouvrir le vase que Zeus lui avait offert en cadeau de mariage. Pandore ouvrit le vase et laissa sortir tous les maux du monde, qui se répandirent bientôt sur toute la Terre, sauf un : le trompeur Espoir, qui se trouvait au fond.

Les hommes ne connaissaient pas les bienfaits du feu et étaient contraints de manger de la viande crue. Prométhée, pour remédier à ce malheur, se rendit à Lemnos où il déroba au dieu Héphaïstos une de ses étincelles de feu, la cacha dans un bâton et l'apporta aux hommes. Il enseigna aux hommes tous les bienfaits du feu ainsi que d'autres arts comme l'architecture, l'écriture et la médecine.

Les hommes, excités par tant de nouveautés, se retrouvèrent à négliger leurs devoirs religieux et cela mit Zeus tellement en colère qu'il punit celui qui avait été la cause de tant d'outrages, Prométhée. Il le fit capturer et emmener dans le pays sauvage des Scythes, sur la plus haute montagne, où Héphaïstos le crucifia, l'immobilisant avec des chaînes et des anneaux aux bras et aux pieds et avec un grand clou enfoncé dans le côté. Chaque matin, un aigle allait dévorer son foie, qui repoussait miraculeusement chaque jour. Le supplice dura des siècles, et même les Océanites, qui sortaient chaque jour de la mer pour le consoler, ne purent convaincre Prométhée de se rendre au pouvoir de Zeus. Zeus apprit alors que Prométhée avait prédit la fin de son règne et que lui seul pouvait l'aider en lui révélant le secret. Zeus s'empressa alors d'envoyer Hermès auprès de Prométhée, mais celui-ci refusa de parler tant qu'il n'avait pas été libéré de ses chaînes et que Zeus ne l'avait pas reconnu pour avoir agi de bonne foi pour aider l'humanité.

D'autres siècles passèrent, lorsque finalement Zeus libéra Prométhée, qui respecta son accord et lui révéla que s'il épousait Thétis, il subirait le même sort que son père Kronos et Uranus. Face

à ce secret, Zeus épousa Héra et fit épouser Thétis à un mortel, Pélée.

LE MYTHE DE HADES ET PERSEPHONE

Lorsque les ombres descendent dans le Tartare, dont l'entrée principale se trouve dans un bois de peupliers blancs près du fleuve Océan, chacune d'entre elles est munie d'une pièce de monnaie, que ses proches ont placé sous sa langue. Ils peuvent ainsi payer Charon, le timonier sinistre qui guide le bateau à travers le Styx. Ce fleuve lugubre délimite le Tartare à l'ouest et a pour affluents l'Achéron, le Phlégéton, le Cocytus, l'Averne et le Léthé. Les ombres sans argent doivent attendre éternellement sur la rive, à moins qu'elles ne parviennent à échapper à Hermès, leur guide, en entrant dans le

Tartare par une entrée secondaire, comme Tenaro en Laconie ou Aorno en Thesprotie. Un chien à trois têtes (ou à cinquante têtes, comme d'autres le prétendent), appelé Cerbère, monte la garde sur la rive opposée du Styx, prêt à dévorer les vivants qui tentent d'y entrer, ou les ombres qui tentent de s'échapper.

Dans la première zone du Tartare se trouve la triste Prairie des Asphodèles, où les âmes des héros errent sans but parmi la foule des morts moins illustres qui volent par-ci et par-là comme des chauves-souris, et où seul Orion a encore le cœur de chasser les ombres de cerfs. Chacun d'eux préfère vivre comme le serviteur d'un humble paysan plutôt que de séjourner comme un souverain dans le Tartare. Leur seul plaisir est de boire le sang des libations offertes par les vivants : alors ils se sentent encore des hommes, du moins en partie. Au-delà de cette prairie se trouvent l'Erebus et le palais d'Hadès et de Perséphone. A gauche du palais, un cyprès blanc ombrage la fontaine de Lete, où les ombres communes se réunissent pour boire. Mais les initiés de l'ombre évitent ces eaux et préfèrent se désaltérer à la fontaine de la Mémoire, ombragée par un peuplier blanc, et dont l'eau leur donne " certains avantages sur les autres compagnons d'infortune. " A' côté, les ombres qui

viennent de descendre dans le Tartare sont jugées par Minos, Radamantus et Baco, à un point où trois routes se croisent. Radamancer juge les Asiatiques et Eacus les Européens ; les cas les plus difficiles sont soumis à Minos. A' la fin de chaque jugement, les ombres sont dirigées vers l'une des trois routes : la première mène à la Prairie des Asphodèles où se rassemblent ceux qui n'ont été ni vertueux ni méchants ; la seconde au champ de punition du Tartare, destiné aux méchants ; la troisième aux Champs Elysées destinés aux vertueux.

Les Champs Elysées, sur lesquels règne Kronos, sont situés près du palais d'Hadès et leur entrée se trouve à côté de la fontaine de la Mémoire ;

c'est un lieu de joie où le jour brille perpétuellement, où il ne gèle jamais et où il ne tombe jamais de neige, mais ils sont tenus au son de la musique et les ombres qu'ils y trouvent peuvent renaître et revenir sur terre s'il leur plaît. Un peu plus loin se trouvent les îles Bénies, réservées à ceux qui sont nés trois fois et ont vécu chaque fois vertueusement. Certains disent qu'une autre île fortunée, appelée Leuce, se trouve dans la mer Noire, en face de l'embouchure du Danube ; elle est boisée et riche en gibier. Là, les ombres d'Hélène et d'Achille habitent et déclament des vers d'Homère aux héros qui ont pris part aux événements qu'ils célèbrent.

Hadès, qui est orgueilleux et jaloux de ses propres prérogatives, monte rarement dans le monde supérieur, et seulement pour s'occuper d'affaires urgentes ou sous l'effet d'une convoitise soudaine.

Un jour, il éblouit la nymphe Minta par la splendeur de son char d'or tiré par quatre chevaux noirs. On dit qu'il l'aurait séduite sans difficulté si la reine Perséphone n'était pas apparue juste à temps pour transformer Minta en une herbe de menthe au doux parfum. Une autre fois, Hadès a essayé de violer la nymphe Leuce, qui a été transformée en peuplier blanc par la fontaine de la Mémoire. Hadès ne permet à aucun de ses sujets de s'échapper, et peu de ceux qui visitent le Tartare peuvent revenir vivants sur terre pour le décrire. Cela fait d'Hadès le plus détesté de tous les dieux. Hadès ne sait pas ce qui se passe dans le monde supérieur ou sur l'Olympe ; seules des nouvelles fragmentaires lui parviennent lorsque les mortels tendent les mains au-dessus de la terre et l'invoquent par des serments ou des malédictions. Parmi ses biens les plus précieux, il y a un casque qui le rend invisible, qui lui a été donné en remerciement par les Cyclopes lorsqu'il leur a permis d'être libérés sur ordre de Zeus. Toutes les pierres précieuses et les métaux précieux cachés dans le sous-sol appartiennent à Hadès, mais il ne possède rien à la surface de la terre, à l'exception de quelques temples obscurs en Grèce et peut-être d'un troupeau de bovins sur l'île d'Erizia, qui, selon d'autres, appartiennent à Hélios.

La Reine Perséphone sait être bienveillante et miséricordieuse. Elle est fidèle à Hadès, mais n'a pas eu d'enfants de lui et préfère la compagnie d'Hécate, la déesse des sorcières. Zeus lui-même honore tellement Hécate qu'il ne la prive pas de l'ancienne prérogative dont elle a toujours joui :

pouvoir accorder ou refuser aux mortels tout cadeau qu'ils désirent. Elle a trois corps et trois têtes : celle d'un lion, d'un chien et d'une jument.

Tisiphon, Aletto et Megera, les Furies, vivent à Erebus et sont plus anciennes que Zeus et tous les Olympiens. Leur tâche est celle d'écouter les plaintes des mortels contre l'insolence des jeunes envers les vieux, des enfants envers leurs parents, des hôtes envers les invités, des assemblées de citoyens envers les suppliants, et de

punir ces crimes en poursuivant sans relâche les coupables, de ville en ville et de région en région. Les Furies sont vieilles, anguicriniennes, avec des têtes de chiens, des corps noirs comme du charbon, des ailes de chauve-souris et des yeux injectés de sang. Elles tiennent dans leurs mains des aiguillons à pointe de bronze et leurs victimes meurent dans les tourments. Il n'est pas convenable de mentionner leur nom dans la conversation, c'est pourquoi on les appelle généralement Euménides, ce qui signifie " les gentilles ", et Hadès est appelé Pluton, c'est-à-dire " le riche ".

Déméter a perdu toute sa gaieté naturelle lorsque sa fille Core, appelée plus tard Perséphone, a été enlevée. Hadès tomba amoureux de Core et alla voir Zeus pour lui demander la permission de l'épouser. Zeus avait peur d'offenser son frère aîné en refusant, mais il savait que Déméter ne le pardonnerait jamais si Core était confinée au Tartare, aussi répondit-il diplomatiquement qu'il ne pouvait ni refuser ni accorder son consentement. Hadès se senti alors autorisé à enlever la jeune fille lorsqu'elle cueillait des fleurs dans une prairie, peut-être près d'Enna en Sicile ou à Colonus en Attique ou à Hermione ou quelque part sur l'île de Crète ou près de Pise ou près de Lerne ou près de Phénée en Arcadie ou près de Nisa en Béotie, bref dans l'une des nombreuses régions que Déméter a parcouru dans sa quête ardue. Mais les prêtres de la déesse maintiennent que le rapt a eu lieu à Eleusis. Déméter a cherché Core pendant neuf jours et neuf nuits, sans manger ni boire et en invoquant sans cesse son nom. Elle n'a pu apprendre quelque chose que d'Hécate, qui, un matin à l'aube, avait entendu Core crier "Au secours ! Au secours !", mais quand il s'est précipité à son secours, il n'a vu aucune trace d'elle. Le dixième jour, après sa rencontre désagréable avec Poséidon parmi le troupeau de chevaux à Oncos, Déméter arriva incognito à Éleusis, où le roi Célée et sa femme Métanire l'accueillirent avec hospitalité, l'invitant à rester avec eux comme nourrice de Démétophon, le prince nouveau-né. Leur fille boiteuse, Giambe, tenta de consoler Déméter en débitant des vers lascifs, et de la nourrice sèche. La vieille femme Baubo, la poussa à boire de l'eau d'orge parfumée à la menthe : elle se mit alors à gémir comme si elle était en travail, et tira inopinément le fils de Déméter, Iacus, de sous ses jupes, qui sauta dans les bras de sa mère et l'embrassa. "Oh, comme tu bois avec avidité !" s'exclama Abantes, le fils aîné de Céléus ; Déméter lui lança un regard mauvais et Abantes se transforma en lézard. Repentante et un peu honteuse de ce qui s'était passé, Déméter décida de faire une faveur à Célée en rendant Démofon immortel. Cette même nuit, elle le tint au-dessus du feu pour brûler tout ce qui était mortel en lui. Metanira, qui était la fille d'Amphizione, entra par hasard dans la pièce avant la fin de la cérémonie et rompit le charme ; ainsi Demofoonte mourut. "Ma maison est la maison du malheur !"

s'écria Celeo, pleurant la fin amère de ses deux fils, et c'est pour cette raison qu'il fut ensuite appelé Disaule. "Séchez vos larmes. Disaule, dit Déméter, il te reste trois fils, parmi lesquels se trouve Triptolème, à qui je ferai de tels cadeaux que tu oublieras cette double perte". Triptolème, en effet, qui s'occupait du bétail de son père, avait reconnu Déméter et lui avait annoncé la nouvelle qu'elle espérait : dix jours auparavant, ses frères, Eumolpus, berger, et Eubuleus, éleveur de porcs, étaient dans les champs, en train de faire paître leur bétail, quand soudain la terre se fendit, engloutissant sous ses yeux les porcs d'Eubuleus. Puis, avec un lourd tambourinage de sabots, un char tiré par des chevaux noirs apparut et disparut dans le gouffre. Le visage du conducteur du char était invisible, mais il tenait fermement sous son bras droit une jeune fille qui poussait de grands cris. Eubuleus avait raconté à Eumolpus ce qui s'était passé. Ayant reçu cette preuve, Déméter envoya chercher Hécate et ensemble elles se rendirent chez Hélios qui vit tout, le forçant à admettre qu'Hadès s'était rendu coupable de ce vilain rapt, probablement avec la connivence de Zeus. Déméter était si furieuse qu'au lieu de retourner à l'Olympe, elle continua à errer sur la terre, empêchant les arbres de porter des fruits et les herbes de pousser, à tel point que la race humaine menaça de périr. Zeus, qui n'avait pas osé aller voir Déméter à Éleusis, lui envoya d'abord un message par l'intermédiaire d'Iris (et Déméter refusa de le recevoir), puis une députation de dieux olympiens portant des cadeaux propitiatoires. Mais Déméter refusa de retourner à l'Olympe et jura que la terre resterait stérile jusqu'à ce que Core lui serait rendu.

Une seule solution se présentait maintenant à Zeus. Il confia alors à Hermès un message pour Hadès : " Si tu ne ramènes pas

Core, nous seront tous ruinés " ; et un autre à Déméter : " Tu peux récupérer ta fille, à condition qu'elle n'ait pas encore goûté à la nourriture des morts ". Car Core avait refusé de manger ne serait-ce qu'une miette de pain depuis le jour du rapt. Hadès fut obligé de déguiser sa défaite et lui dit d'une voix mélodieuse : " Ma chère, puisqu'il me semble que vous êtes si malheureuse, je vais vous ramener sur terre ". Core cessa immédiatement de verser des larmes et Hadès l'aida à monter dans le char. Mais au moment où elle se préparait à partir pour Éleusis, un des jardiniers d'Hadès, appelé Ascalaphus, se mit à crier sur un ton de dérision : " J'ai vu madame Core cueillir une grenade dans le jardin et en manger sept grains ! Je suis donc prêt à témoigner qu'elle a goûté à la nourriture des morts ! ". Hadès ricana et dit à Ascalaphus de monter derrière le char d'Hermès. À Éleusis, Déméter embrassa joyeusement sa fille, mais en entendant l'histoire de la grenade, elle tomba dans une profonde dépression et dit : "Je ne retournerai jamais à l'Olympe et ma malédiction continuera à peser sur la terre ". Zeus incita alors Rhéa, qui était sa mère ainsi que celle d'Hadès et de Déméter, à offrir ses bons offices, et un compromis fut ainsi trouvé : Hécate passerait trois mois par an en compagnie d'Hadès, en tant que reine du Tartare et avec le titre de Perséphone, et les neuf autres mois en compagnie de Déméter. Hécate s'est chargée de faire respecter le pacte et de veiller en permanence sur Core. Déméter a finalement accepté de monter sur l'Olympe. Avant de quitter Eleusis, elle initia aux mystères Triptolemus, Eumolpus et Celeus, ainsi que Dioclès, roi de Phère, qui l'avait assidûment aidée dans ses recherches. Mais elle punit Ascalafo pour avoir rapporté l'épisode de la grenade en l'emprisonnant dans une fosse fermée par un rocher très lourd ; Ascalafo fut ensuite libéré par Héraclès, et Déméter le transforma alors en chouette effraie. La déesse récompensa également par des récoltes abondantes les Phéniciens d'Arcadie, qui lui avaient offert l'hospitalité après l'outrage causé par Poséidon, mais elle leur interdit de récolter des fèves. Un certain Ciamite fut le premier à oser briser l'interdiction, et un temple lui est désormais dédié au bord de la rivière Cephysus.

CHAPITRE 5

LA TOUCHE MIDAS

Le roi Midas était perché au milieu de ses richesses, comptant l'argent. Midas était l'un des hommes les plus riches de Grèce : il s'entourait d'or et était convaincu qu'il n'y avait rien de mieux ou de plus beau au monde que l'or.

Soudain, il regarda par la fenêtre et vit un vieil homme endormi sous un arbre, sans doute Silène, le roi du vin, de la cour de Dionysos.

Midas, qui se sentait honoré d'avoir un invité aussi important, décida de le fêter pendant dix jours, puis de le ramener à Dionysos sur le mont Olympe.

Ils ont vu Dionysos se reposer dans sa vigne, mangeant une grappe de raisins.

« Je te suis très reconnaissant de ton hospitalité, Midas, dit-il au roi, Silène est un vieil ami très cher et tu as été très gentil avec lui. Demandez-moi une récompense et vous l'aurez ! »

Midas jubilait, car il savait que Dionysos avait le pouvoir de conférer des richesses de toutes sortes.

Comme on pouvait s'y attendre, les yeux de Dionysos se sont illuminés d'or. L'or a été

tout ce à quoi il aspirait : de l'or et encore de l'or.

"Oh, Dionysos, que tout ce que je touche se transforme en or !" a-t-il demandé. "Qu'il en soit ainsi, mais n'oubliez pas que vous regretterez votre cupidité. Souvenez-vous de mes paroles !"

Midas, fou de joie, monta dans le char et courut chez lui, impatient de raconter à tout le monde sa bonne fortune. Lorsque ses pieds ont touché le fond du char, celui-ci s'est transformé en une pièce d'or.

Midas s'exclama de joie lorsqu'il vit que ses vêtements, son manteau et ses sandales s'étaient également transformés en or.

Lorsqu'il arriva chez lui, il toucha les portes du palais et elles devinrent également dorées, tout comme les cailloux de la cour dès qu'il les foula.

Même les fleurs qu'il cueillait dans le jardin devenaient de l'or massif, perdant leur couleur et leur parfum. Mais Midas s'en fichait, il les

gardait pour toujours dans son coffre.

"Je suis riche, je suis riche ! Je suis l'homme le plus riche du monde", a-t-il répété à ses serviteurs. "Et je vous rendrai tous riches, si vous le souhaitez ! Je peux transformer tout le palais en or si je le veux !" s'exclama-t-il joyeusement.

Extatique de bonheur, il caressa affectueusement son cheval et ses sabots bougèrent pour la dernière fois, puis la bête se transforma en statue d'or !

Mais le roi Midas ne comprenait toujours pas.

Il se dirigea vers la bibliothèque, mais ses pas étaient lents car ses vêtements dorés étaient devenus lourds. Il toucha les étagères et les papyri, qui se transformèrent immédiatement en or.

"Apportez-moi à manger", dit-il à un serviteur en gloussant.

Le serviteur revint avec la nourriture et, incrédule de voir tout transformé en or, il plaça la nourriture devant le roi, ainsi qu'une bassine d'eau pour se laver les mains.

Mais dès que le roi toucha l'eau, elle se transforma en une pièce d'or. Midas, pétrifié, essaya d'approcher lentement un morceau de pain : il se transforma en or ; et il en fut de même pour le vin. Midas a désespérément attrapé le bras du serviteur :

"Qu'est-ce que je vais faire ? Je ne peux ni manger ni boire !"

Le serviteur, cependant, ne pouvait pas répondre : il était devenu une statue d'or. "Père, Père ! Rendez dorés mon jouet, ma soucoupe et ma cuillère !"

Les enfants du roi entrèrent dans la pièce et dès virent leur père, ils allèrent vers lui les bras grands ouverts.

Midas leur cria d'arrêter, mais il était déjà trop tard : ils l'embrassèrent et furent eux-mêmes transformés en or !

Le roi Midas a finalement compris et a pleuré, pleuré des larmes d'or. Courbé sous le poids de ses lourds vêtements d'or, le roi Midas retourna aux vignes de Dionysos sur le mont Olympe. Il ne voulait rien de plus que d'être libéré de sa terrible touche magique.

"Quoi donc, Midas ? Avez-vous assez d'or pour satisfaire votre avidité ?"

"Je déteste la vue de l'or !" sanglotait Midas, désespéré. "Pourquoi avez-vous exaucé mon vœu insensé ? Je ne peux ni manger, ni boire, et mes pauvres enfants ont été transformés en deux statues

d'or ! S'il vous plaît, Dionysos, délivrez-moi de cette terrible malédiction !"

Dionysos ricana, mais voyant que le roi avait changé d'avis en un seul jour, il eut pitié de lui.

"Allez à la rivière et lavez-vous de la tête aux pieds !"

Midas s'est approché de la rivière, hésitant, car il craignait que l'eau boueuse ne se transforma en or en l'étouffant.

Lentement, il se baissa et pris un peu d'eau dans une main. Puis, levant sa main au-dessus de sa tête, il versa l'eau sur ses cheveux et le long de son corps doré. Peu à peu, des gouttes d'or glissèrent dans la rivière et se déposèrent au fond. Midas commença alors à se baigner tout entier dans l'eau de la rivière, jusqu'à ce que l'or disparaisse de son corps.

Enfin, il passa ses mains sur l'herbe qui poussait le long des berges de la rivière et, à son grand étonnement, il vit qu'elle restait telle quelle et ne se transformait pas en or. A' côté, il y avait une grande amphore ; il la prit, la remplit d'eau et courut vers son palais.

Il baigna d'abord les statues d'or qui cachaient ses enfants.

Un instant plus tard, le temps semblait reprendre là où il s'était arrêté

: la jeune fille le serra dans ses bras et l'embrassa, tandis que son fils continuait à discuter comme si de rien n'était…

"Pouvez-vous aussi transformer la terre, le ciel et la mer en or ?" "Assez, assez !", s'écria Midas. "Ne me parle plus d'or. Je ne veux plus jamais le revoir ! Maintenant, aide-moi à aller chercher de l'eau à la rivière. Je dois laver tout le palais."

Et c'est ce qu'il a fait. Il a d'abord lavé son serviteur, puis le cheval, puis les murs et les sols, et enfin les piliers, les étagères et les portes de la bibliothèque. Bientôt, le seul or restant dans le royaume de Midas était celui enfermé dans le coffre.

Sauf, bien sûr, pour ces petites gouttes d'or qui ont coulé au fond du lit de la rivière.

AMOUR ET MÉDIUM

Amore e Psiche (Cupidon et Psyché) : une histoire d'amour entre Psyché, une belle jeune fille qui ne trouve pas de mari, et Cupidon, le fils de Vénus, la déesse de la beauté.

Vénus, envieuse de la beauté de la jeune fille qui pré-dominait sur la sienne, incita son fils Cupidon (égale-ment connu sous le nom d'Eros) à tirer une flèche pour que l'homme le plus laid de la création tombe amoureux d'elle. Mais Cupidon rata son but et se piqua avec la flèche de l'amour, tombant follement amoureux de Psyché.

Entre-temps, ses parents, qui se tourmentaient pour trouver un mari à leur fille, l'emmenèrent chez un oracle qui leur suggèra de laisser Psyché au bord d'un ravin et d'attendre que le vent Zéphyrus la prenne, en se chargeant de la livrer à son futur mari.

Psyché, terrifiée, fut emmenée dans un palais, où elle attendit la nuit et l'arrivée de son époux, sans savoir que celui-ci serait le dieu Amour.

Les deux vécurent une nuit secrète de grande passion, car Cupidon ne voulait pas que sa mère Vénus en sache quoi que ce soit afin de ne pas éveiller sa colère.

Psyché, poussée par ses sœurs, insista pour voir le visage de son mari, qu'elle n'avait jusqu'à présent rencontré que la nuit. Une des nuits suivantes, Psyché décida d'éclairer le visage de Cupidon avec une lampe à huile, mais une goutte d'huile bouillante tomba, le brûlant et le réveillant. Cupidon, déçu par la curiosité excessive de Psyché, s'enfuit.

Preuve de la psyché

La jeune fille désespérée tenta de se suicider, mais les dieux l'empéchère de mourir. Elle commença à parcourir la ville à la recherche de son amour perdu. A' un moment donné, elle tomba sur un temple de Vénus et décida de s'arrêter pour calmer la colère de la déesse.

Vénus, avant de permettre à Cupidon de revenir auprès d'elle, décida de soumettre Psyché à de nombreuses épreuves :

La première consistait à découper un énorme tas de blé en plusieurs parties différentes. Découragée et les larmes aux yeux, elle n'essaya même pas de passer le test, même si aidée dans sa tâche par quelques fourmis.

Dans la deuxième épreuve, Psyché devait attraper la laine de quelques moutons à la toison d'or. Naïvement, elle s'en approcha mais fut immédiatement arrêtée par un chien parlant qui la mit en garde : il ne faut pas toucher les moutons pendant la journée ! Suivant les conseils du chien, Psyché attendit la tombée de la nuit pour récupérer la laine, qui était restée coincée dans les buissons.

Le dernier test était le plus difficile. Psyché devait descendre aux enfers pour aller voir la déesse Proserpine qui lui aurait donné une potion de beauté. Mais à son retour, impatiente et curieuse, elle ouvra la bouteille et tomba dans un profond sommeil.

C'est alors que l'Amour vint à son secours et supplia Zeus, le père des dieux, de les réunir pour toujours. Après toutes ces épreuves, les deux amoureux furent enfin libres de s'aimer, cette fois ci pour l'éternité.

LE MYTHE DE PERSEUS

Acrisius, grand-père de Pèrseus, épousa Aganippe, avec qui il n'eut qu'une fille, Danaé. Le roi avait toujours été inquiet du sort de son royaume car, en l'absence d'héritiers mâles, il ne savait pas à qui il laisserait le titre de souverain.

Désireux de connaître le sort de son royaume et de sa ville, Arcisio se tourna vers l'oracle de Delphes.

La prédiction de l'oracle était choquante : non seulement Acrisius n'aurait plus de fils, mais il mourrait un jour de la main de son petit- fils, le futur fils de sa fille Danaé.

Le roi, terrifié par la prophétie et pensant pouvoir tromper le destin, fit enfermer sa fille dans une prison souterraine, afin qu'elle ne puisse jamais rencontrer un homme et se marier. Mais il avait tort, son destin avait déjà été fixé par les dieux et malgré ses actes extrêmes, Danaë donna naissance à un fils.

Les Huns ont dit que l'enfant était né de Preto, frère d'Acrisius, ce qui avait déclenché le début de la dispute entre les deux frères. D'autres versions affirment que le séducteur était Zeus lui-même.

Zeus, qui ne demandait qu'à prouver sa versatilité, se transforma en une pluie d'or qui se faufila entre les barreaux de la prison et se posa sensuellement sur les genoux de la jeune fille. De cette rencontre est né Persée.

Cette version du mythe est souvent invoquée pour symboliser la suprématie de l'argent sur les cœurs, au point qu'il peut enfoncer les portes les plus solidement gardées.

Lorsque les cris du nouveau-né parvinrent aux oreilles du roi, attestant que le petit-fils redouté est enfin arrivé et que la prophétie se réalisera, Acrisius fut saisi de terreur.

Il en voulu à Preto, le soupçonnant d'avoir séduit sa fille pour le contrarier.

Le roi ne pouvait pas s'épouser à nouveau: il ne savait pas s'il devait tuer sa fille et son petit-fils ou les laisser vivre.

Exaspéré, il décida de jeter la mère et son nouveau-né à la mer, enfermés dans une boîte flottante, laissant la nature décider de la façon dont ils allaient mourir : noyade ou famine.

Zeus, qui veillait sur eux, demanda immédiatement à Poséidon d'arrêter les vagues et les vents et de faire prendre le coffre dans le filet d'un pêcheur de l'île de Serifos. Et ainsi fut-il.

Danaé et son fils ont été secourus par un pêcheur nommé Ditti, qui s'est occupé d'eux et les a accueillis dans sa maison où Persée a été élevée comme un fils.

Le jeune homme devint si beau et si fort que les habitants de Serifos commencèrent bientôt à le considérer comme un membre de la famille royale, voire comme un dieu. Il grandi fort et indomptable, excellant dans les sports et la lutte, son esprit étant toujours tourné vers des actes de bravoure. Il avait gagné sa gloire en tant que héros.

Athéna a été l'inspiratrice de ses rêves, l'incitant à désirer une vie pleine des risques les plus dangereux plutôt que la sécurité tranquille et sans gloire. Il n'a pas fallu longtemps pour qu'Athéna réussisse.

Ditti, le pêcheur qui l'a sauvé et son père adoptif, avait un frère qui était le souverain de l'île : Polidette, un homme étroit d'esprit et autoritaire.

Polidette était tombé amoureux de Danaé et voulait la forcer à devenir sa femme.

La proposition et l'engagement de Perseus

Danae ne considérait pas que Polidette était aussi bon qu'il avait été dans le passé.

Mais Polydette n'abandonna pas à la première difficulté et élabora un plan astucieux pour se débarrasser de l'obstacle qui protège l'honneur de sa mère. Il confia à Persée une entreprise extrême, dont même l'homme le plus courageux et le plus expérimenté ne sortirait guère vivant. Polydette déclara qu'il voulait épouser Hippodamie pour le bien du royaume et, après avoir réuni ses amis proches, dont Persée lui-même, il annonça son projet de mariage et demanda à chacun un cadeau : de chacune des personnes présentes, il accueillerait un cheval.

Persée, mortifié de n'avoir rien de tel à lui offrir, dit que si le roi cessait de tourmenter sa mère Danaé, il lui donnerait tout ce qu'il demanderait.

À cette époque, l'un des dangers les plus redoutés était les Gorgones, les filles de Forcids et de Ceto : elles étaient appelées Euryale ("saut lointain"), Stenno ("force") et Medusa ("souverain").

Athéna, pour les punir d'un manque de respect envers sa personne divine, avait transformé leurs cheveux en un nid de vipères, les avait aussi dotés d'ailes, de mains de bronze et d'un regard pétrifiant. Euryale et Stenno étaient immortels, mais pas Médusa. Et c'est précisément la tâche ardue assignée à Persée : tuer Médusa.

La déesse Athéna et son frère Hermès étaient apparus au jeune Persée dans une lumière majestueuse, et ensemble ils avaient donné au garçon quelques cadeaux magiques, car "Sans l'aide des dieux, même l'homme le plus intrépide n'est pas capable d'affronter un tel adversaire", avait dit Athéna.

Hermès avait donné au jeune homme son épée courbe capable de pénétrer n'importe quoi et lui avait mis des chaussures ailées aux pieds pour qu'il puisse se déplacer rapidement n'importe où. En outre, du royaume de Pluton, il avait reçu un casque qui rendait invisible le chevalier qui le portait.

Athéna lui avait donné son bouclier poli, lui apprenant à l'utiliser comme un miroir, afin qu'il puisse attaquer Médusa sans la regarder directement.

La déesse l'avait également équipé d'un sac en peau de chèvre : il servirait au jeune Persée à cacher la tête décapitée de la Gorgone, car ce trophée hideux préserverait à jamais son pouvoir. Courageux

et bien équipé, Persée parti à la recherche des Graeae, sœurs de la Gorgone, les seules à pouvoir révéler où se cache Méduse.

Lorsqu'il atteignit les falaises de l'île de Sériphos, Persée s'envola vers le glacier du nord, un lieu de brume et de glace où aucun homme ne peut survivre.

C'est là, au bord de la mer Hyperborée, qu'il rencontra les trois Graeae (Dino, Enio et Pefredo) si proches les unes des autres qu'elles se confondent avec les neiges environnantes.

Vêtues seulement de leurs cheveux gris couverts de givre, les trois vieilles sœurs ne possédaient qu'un œil et une dent sur trois et, de leurs mains tremblantes, se les passaient en gémissant et en murmurant, en mangeant des flocons de neige à tour de rôle.

Persée enfila son casque, s'approcha des trois sœurs de manière invisible et, d'un mouvement rapide et silencieux, s'empara de leur unique œil, tandis que, alarmées et distraites par les pas qui s'approchaient, elles se disputaient pour savoir qui devrait porter le précieux œil et regarder à travers le brouillard aveuglant pour voir quel être osait s'aventurer dans ces étendues perdues.

"Dis-moi quelle route je dois prendre pour rejoindre les Gorgones, ou je te prends aussi ta dent et te laisse mourir de faim dans ce désert."

Les Graeae furent immédiatement enragées, criant et menaçant le mystérieux envahisseur de rendre l'œil immédiatement. Quelques instants plus tard, en marmonnant, elles donnèrent de vagues indications sur l'île des Gorgones. Les trois n'ont pas pu reconnaître Persée, car il s'était envolé trop vite pour qu'elles puissent tourner leurs faibles têtes, rigides comme des blocs de glace.

En allant vers le sud, la glace et le brouillard ont fait place à des étendues vertes et à des forêts luxuriantes, tandis que la mer brillait sous un ciel clair.

L'air autour de lui s'est réchauffé alors qu'il traversait le monde vers un grand océan.

Là, s'orientant avec la position du soleil et des étoiles, il trouva l'île où vivaient les trois sœurs entourées des statues d'hommes et d'animaux que leur regard avait transformé en pierre.

Il vit les trois Gorgones endormies, avec Medusa au milieu.

Persée, se souvenant des enseignements de la déesse Athéna, saisit son bouclier et marcha à reculons, de manière à refléter la créature monstrueuse et l'enchevêtrement de serpents qui ne cessaient de bouger même dans son sommeil.

L'apparence de Méduse était effrayante : son corps était couvert d'échardes nauséabondes et de plumes de bronze, elle avait des griffes à la place des mains et des pieds, et sa bouche entrouverte laissait apparaître des dents empoisonnées et une langue de serpent fourchue. Persée prit son courage à deux mains et, en visant l'image reflétée par le bouclier, il frappa Méduse et libéra le passage.

De la tête coupée de la Gorgone sont nés le cheval ailé Pégase et le guerrier Chrysaor, conçu par Méduse en union avec Poséidon. " Du sang de leur mère naquirent le rapide Pégase ailé et son frère " [Ovide, Métamorphoses].

"Et quand Persée eut séparé sa tête de son cou, le grand en sauta Chrysaor, et Pégase" [Hésiode, Théogonie].

Persée s'empressa de recueillir le sang qui jaillit de la blessure, puisqu'il avait des propriétés magiques : celui qui coule de la veine gauche est un poison mortel, tandis que celui qui coule de la veine droite est capable de ressusciter les morts.

Persée, en prenant bien soin de ne pas regarder la tête coupée, la cacha dans son sac en cuir et s'envola dans les airs en poussant un cri de triomphe qui réveilla les deux autres Gorgones qui, voyant le corps sans vie de leur sœur, déployèrent leurs immenses ailes d'oiseaux de proie et, enragées, se précipitèrent vers Persée avec leurs griffes.

Le jeune homme, grâce à l'invisibilité que lui confère le casque de Poséidon, échappa à leur fureur.

Lors du voyage de retour de Persée, des gouttes du sang de la Gorgone tombèrent sur le sable chaud d'un désert sans fin, donnant naissance à des scorpions et des serpents venimeux, qui peuplent depuis lors cette étendue apparemment stérile.

Les Gorgones furieuses ont continué à chasser le jeune homme, mais en vain,

car, protégé par l'invisibilité, le jeune homme volait toujours au- dessus d'elles, sans craintes.

L'Atlas du Titan

Persée, avec la tête du monstre comme trophée, se rendit dans la région d'Hespérie où régnait le titan Atlas, qui n'avait pas voulu l'aider dans l'entreprise.

Atlas, à la suite d'une prophétie selon laquelle son royaume serait détruit par l'un des fils de Zeus, avait toujours été suspicieux et méfiant envers les étrangers.

Naïvement, Persée, ignorant l'existence de cette prophétie, lui révéla son origine divine et en l'apprenant, Atlas tenta de le tuer.

Le jeune homme, pris au dépourvu par sa réaction, se retrouva à se défendre dans un combat inégal contre le Titan jusqu'à ce que, ayant ouvert le sac dans lequel il gardait la tête de Méduse, il mit fin au combat alors qu'Atlas commençait à se pétrifier, se transformant en une haute montagne. Ovide le raconte dans les Métamorphoses (IV 650-662) :

"Il lui a montré la tête hideuse de la Gorgone. Atlas se transforma presque instantanément en une haute montagne : les bois devinrent sa barbe et ses cheveux, les sommets devinrent ses épaules et ses bras ; ce qui avait été sa tête devint le sommet de la montagne ; les rochers devinrent ses os ; grandi dans toutes ses parties, il enfla...

en une masse immense..."

La légende veut qu'Atlas soit à l'origine du système montagneux du même nom et que, du fait de sa taille, il tienne la voûte céleste sur ses épaules.

Persée repris alors son vol de retour.

La libération d'Andromède

Après avoir survolé les étendues désertiques et les rives verdoyantes du Nil, Persée atteint les terres éthiopiennes. Sur la plage, il aperçu une jeune fille enchaînée à un rocher sombre : elle

était immobile et complètement brûlée par le soleil. S'il n'y avait pas eu de larmes sur son visage, il l'aurait crue morte.

Persée s'approcha d'elle et la jeune fille avoua qu'elle était Andromède, et qu'elle avait été choisie comme objet de sacrifice pour sauver tout le royaume de la colère des dieux, causée par l'imprudence de sa mère.

Andromède était la fille du roi d'Éthiopie Céphée et de sa femme Cassiopée. La femme a dû payer pour une faute commise par la vanité de sa mère qui s'était déclarée plus belle que les Néréides.

Les Néréides (les plus célèbres étant Amphitrite, épouse de Poséidon, et Thétis, mère d'Achille) étaient toutes gentilles et jolies, mais lorsque quelqu'un les offensait...

Elles demandèrent donc au puissant Poséidon une punition exemplaire pour la reine présomptueuse. Poséidon, furieux de l'offense que sa femme et ses sœurs avaient subie, a immédiatement exaucé leur prière. Il a d'abord anéanti les côtes du pays par une effrayante inondation, puis, non content de cela, il a créé un terrifiant monstre marin capable de tout détruire. Il menaçait et tuait les habitants des villages côtiers.

Le roi Céphée, incrédule, se tourna vers l'oracle du dieu Ammon qui veille sur les côtes libanaises. Il n'y avait qu'un seul remède possible pour sauver le royaume : sacrifier sa jeune fille Andromède.

Soudain, le monstre surgit des profondeurs de la mer et Persée, troublé par la beauté de la jeune fille autant que par sa douleur, décida d'interrompre le sacrifice.

Se tournant vers ses parents, il proposa de se battre pour mettre fin à la malédiction et changer le destin de la jeune fille, en échange de quoi il gagnerait la main d'Andromède.

"Je libérerai votre fille si je peux obtenir de vous le droit de l'épouser. Les parents n'ont pas seulement accordé à l'homme audacieux la main de leur fille, mais lui ont également promis leur royaume.

Le monstre a avancé puissamment, coupant les vagues avec force. "De même que le navire au rostre proéminent, mû par les muscles tendus des jeunes marins, glisse rapidement sur l'eau, de même le monstre fend les vagues avec le fracas de sa poitrine...". [Ovide, Métamorphoses].

Persée incline alors le sac contenant la tête de Méduse pour laisser couler quelques gouttes de son sang. Comme prévu, le sang a éclaboussé les touffes d'algues, les pétrifiant instantanément en branches de corail. Le courageux guerrier s'est alors envolé et a plongé comme un aigle majestueux, perçant le cou de la bête avec sa lame. Le monstre rugissant se débattit, essayant de se libérer, de le capturer et de l'écraser dans ses mâchoires, mais la lame retourna à la rage.

Lorsque le combat fut terminé, Céphée et Cassiopée coururent sur la plage pour voir ce qu'il s'était passé. Ils trouvèrent Andromède effrayée mais sauve, Persée nettoyant son épée et le corps du monstre sans vie flottant dans les eaux rougies par le sang. Une fois la bataille terminée, toutes les personnes qui avaient assisté au combat se sont dirigées vers le palais où le repas de noces entre Persée et Andromède a commencé dans une atmosphère festive.

Pendant les festivités, le banquet de mariage fut interrompu par un fracas d'armes : Phineas, l'ancien fiancé d'Andromède, fit irruption dans la salle, accompagné d'un groupe de guerriers. Offensé, il déclara qu'un étranger ne pouvait pas épouser la princesse et, un instant plus tard, il lança sa lance, qui s'écrasa sur le sol près de Persée, qui s'était précipité pour défendre Andromède avec son bouclier.

Les chants de mariage ont cédé la place au cliquetis des armes et, en quelques minutes, la salle s'est transformée en un champ de bataille, où le sang a remplacé le vin.

Les hommes et les soutiens de Phineas étaient si nombreux que les loyalistes du roi pouvaient difficilement leur tenir tête.

Jusqu'à ce que Persée avertisse la foule : "Que tous les amis détournent le regard".

À ce moment-là, le jeune marié a sorti la tête de Méduse du sac et tous les ennemis ont été transformés en pierre dans la même position que celle dans laquelle ils avaient été pris : certains brandissaient leur épée, d'autres tiraient une flèche et d'autres encore, comme Phinée, imploraient la pitié à genoux. Cassiopée est devenue une statue inerte comme les autres ennemis. Après cela, personne n'a osé interrompre la fête de mariage.

La vengeance de Persée sur Sériphée et le retour à Argos PerséeetAndromèdequittèrentleroyaumedeCéphéeet retournèrent à Sériphos, mais de mauvaises nouvelles attendaient le jeunecouple.Lasituationde Danaés'étaitconsidérablement aggravée : Polydette n'avait cessé de la persécuter avec ses demandes insistantes de mariage, au point qu'elle s'était réfugiée dans le temple d'Athéna.

Persée, furieux, se précipita à la recherche du tyran et le trouve ivre au milieu d'une fête avec les ivrognes de sa suite.

"Bienvenue ! Nous pensions ne jamais vous revoir ! As-tu la tête de la Gorgone avec toi ?" fut l'accueil arrogant de Polydette. En réponse, Persée, furieux mais toujours rusé, exhiba le trophée sanglant, qui transforma immédiatement ses moqueurs en statues de pierre.

Le fils de Danaé remit l'île à la raisonnable Ditti, puis rendit les amulettes magiques aux dieux, donnant la tête de Méduse à la déesse Athéna qui l'avait aidé, afin qu'elle devienne une défense sur son bouclier étincelant et serve en quelque sorte de rempart pour protéger les innocents des abus perpétrés à leur encontre.

Maintenant que Polidette est mort, la mère et le fils peuvent enfin retourner dans leur patrie pour se réconcilier avec le roi Acrisius, envers lequel les années ont maintenant effacé tout ressentiment.

Acrisius n'avait jamais oublié l'ancienne prophétie et avait suivi avec tristesse les rumeurs concernant son neveu et ses actes héroïques. Dès qu'il a appris que Persée arrivait à Argos, il a jugé préférable de s'enfuir à Larissa en Thessalie.

Il ne savait pas qu'en réalité, Persée le cherchait pour qu'il puisse le rencontrer et embrasser le seul parent vivant, avec sa mère, qu'il avait au monde.

Epilogue

Le jeune homme le suivit jusqu'à Larissa, où il trouva Acrisius assistant en spectateur à une compétition de jeux sportifs organisée par le roi local. Persée décida de participer à la compétition et surpassa facilement les autres concurrents, rendant son nom célèbre dans la ville, à tel point qu'il parvint aux oreilles d'Acrisius, qui fut à nouveau terrifié et se cacha. Mais l'inévitable destin se prépara : lors du concours de lancer de disque, un vent violent se leva soudainement au moment où Persée lança. Un vent qui suffit à dévier l'anneau en direction d'Acrisius. Le coup a été si violent qu'il a tué le vieux roi.

Persée, en proie au chagrin, se rendit compte qu'il avait tué son propre grand-père et, après avoir enterré le corps et s'être purifié de sa culpabilité involontaire par des rituels appropriés, il retourna à Argos, reprenant sa place légitime.

Plus tard, il parvint à troquer ses biens avec le royaume voisin de Tiryns et construisit dans cette région la grande cité de Mycènes, appelée ainsi parce qu'un jour il put étancher sa soif à un ruisseau qui avait miraculeusement jailli d'un champignon.

Persée eu de nombreux enfants avec Andromède, dont les plus célèbres furent : Alceus qui eu pour fils Amphitryon, dont la femme Alcmena a eu le mythique Héraclès de Zeus ; Electrion, Stenelo et Gorgofone.

Il régna toujours dans la paix et la sagesse jusqu'à la fin de ses jours et lorsque l'heure de sa mort arriva, la déesse Athéna, pour honorer sa gloire, le transforma en une constellation à côté de laquelle elle plaça sa bien-aimée Andromède et sa mère Cassiopée, dont la vanité avait provoqué la rencontre des deux jeunes gens.

En regardant le ciel, aujourd'hui encore, nous pouvons admirer les trois constellations qui honorent leur vie et surtout le grand amour des deux jeunes gens.

CHAPITRE 6

M YTHES MINORES

LE MYTHE DE PYRAMUS ET

THISBE

Pyrame et Thisbé étaient deux jeunes amoureux, thébains de naissance, dont les cœurs tendres et sensibles semblaient faits l'un pour l'autre. Les deux jeunes gens formaient un couple qui se complétait, lui vigoureux, fort, robuste, elle jeune, jolie et très attachante. Ces deux âmes nobles s'aimaient depuis l'enfance et leur amour n'avait jamais rencontré d'obstacles ou d'adversités. Un jour, une dispute éclata entre leurs parents, qui dégénéra rapidement en haine et en rancœur. L'inimitié entre les deux familles, autrefois amies, eu un effet inexorable sur l'amour des deux jeunes.

Le hasard a voulu que les deux habitaient l'un à côté de l'autre et que leurs maisons soient séparées par un mur, que le temps et les intempéries ont abîmé, en créant une brèche à travers laquelle les deux, cachés de leurs familles, se parlaient et se voyaient.

Mais cette barrière a fini par devenir une prison pour les cœurs sensibles des deux amants, à tel point qu'ils ont fini par planifier de s'échapper. Leur intention était de quitter la maison de leur père et de s'enfuir ensemble pour se réfugier chez un parent de Pyrame qui vivait dans une autre ville, où ils se marieraient et commenceraient une nouvelle vie ensemble. Ils se rencontrèrent à l'extérieur des murs de la ville, à l'endroit où Cyrus a été enterré, convaincus que cette fois-ci ils ne seraient plus jamais séparés. Thisbe, bien en avance, fut la première à atteindre le point de rendez-vous et attendit impatiemment l'arrivée de Pyrame. Les premières ombres du soir commençaient à obscurcir les champs, Thisbe regardait d'un côté à l'autre, de plus en plus inquiète, espérant voir apparaître au loin la silhouette de celui qu'elle aimait tant. Soudain, le silence fut interrompu par le rugissement d'un lion, dont les mâchoires dégoulinaient encore du sang de sa récente victime. Terrifiée, Thisbe couru se réfugier dans une grotte voisine. Dans sa fuite précipitée, son voile tomba. Le lion, qui avait saisi l'odeur, vit le voile et, les

pattes et la gueule tachées de sang, se jeta sur le voile jusqu'à le déchirer. Peu après, Pyrame arriva et à la vue du voile en lambeaux et taché de sang, fut saisi d'un terrible pressentiment.

Un froid mortel envahi son âme. Il s'empara d'un poignard et s'enfonça la lame dans la poitrine en se tuant. Thisbe, qui avait reconnu la voix de Pyramus depuis son abri, se précipita vers lui mais il est déjà trop tard. Un cri, ses forces l'ont abandonnée et Thisbe est tombée au sol, inconsciente. Quand elle est revenue à elle, elle a couru pour embrasser son amour.

Atrope, avant de couper définitivement le fil de la vie de Pyrame, lui a accordé un dernier moment de vie, cet instant qui lui a permis de revoir sa bien-aimée, ce dernier regard qui semblait vouloir dire :

-Je meurs heureux parce que je t'ai revu.

La malheureuse jeune femme déposa un baiser sur ses lèvres et saisit la même dague, la plongeant dans sa poitrine blanche. Ils moururent ensemble.

Le sang de ces jeunes amoureux baignait les fruits blancs d'un mûrier qui poussait à proximité. À partir de ce moment, elles sont devenues aussi rouges que le sang des deux jeunes, presque un monument éternel dédié à un amour si pur et si parfait. Inutile de dire que la fin tragique des deux jeunes gens a été un coup dur pour leurs familles respectives et c'est cet événement tragique et atroce qui les a amené à se réconcilier. Ensemble, ils ont pris la décision d'enterrer les deux dans une même tombe, où ils seraient ensemble pour l'éternité.

LE MYTHE DE LYRA

Souvent représentée comme un attribut du dieu Apollon, la Lyre était pour les Grecs anciens le symbole de la modération et de la sagesse. Le récit mythique de la construction de la Lyre, tel qu'il nous a été transmis par les sources homériques (Hymne homérique à Hermès), raconte qu'Hermès, enfant, après avoir volé un troupeau de vaches à Apollon, trouva une tortue. Il a commencé à jouer avec elle mais l'a ensuite tuée en vidant sa coquille.

Hermès fixa deux bras de roseau aux creux de la carapace, entre lesquels il tendit sept cordes de boyau de mouton : ainsi la tortue, animal aphone, acquit la capacité de chanter après la mort. "Le joli jouet [...] sous sa main rendait un son prodigieux, et le dieu le suivait de son doux chant." Apollon, enchanté par cette musique, accepta Lyra en échange du troupeau kidnappé.

Bien qu'issue d'un sacrifice sanglant, la tortue chantante pouvait allier la puissance obscure du son à la richesse de la parole humaine, stimulant l'homme à progresser sur la voie de l'esprit rationnel : c'est ainsi que la poésie accompagnée par Lyra acquit la supériorité sur les autres arts en tant que musique rationnelle.

L'autre figure mythologique du joueur par excellence est Orphée, fils d'Apollon, symbole du pouvoir enchanteur de la musique. Grâce à sa cithare, un instrument initialement construit comme la lyre mais avec une caisse de résonance en bois plus grande, il a pu dompter des animaux féroces et séduire des êtres infernaux aux portes des enfers.

LE MYTHE DE PAN

Pan, fils de Zeus et de Callisto ou d'Hermès et de la nymphe Pénélope pour laquelle le dieu prit l'apparence d'un homme, devint berger sur le domaine d'un riche mortel en Arcadie. Immédiatement après sa naissance, à la vue de son fils, sa mère fut terrifiée : son apparence était si laide et animale qu'elle décida de l'abandonner à son sort.

Pan ressemblait plus à un animal qu'à un homme : son corps était recouvert d'une fourrure rêche, sa bouche s'ouvrait sur une série de défenses jaunies, son menton se terminait par une barbe hirsute, deux cornes partaient de son front et à la place des pieds, il avait deux sabots de chèvre. Hermès l'emmena alors avec lui à l'Olympe en présence des autres dieux, où il fut reçu avec bienveillance, notamment par Dionysos, qui décida de l'accueillir par la suite.

Contrairement à son apparence, le dieu Pan était jovial et encourageait tous les dieux par sa présence. En grandissant, il devint l'un des compagnons préférés de Dionysos et le suivit dans ses incursions dans les bois et les campagnes.

La flûte de Pan

Un jour, Pan, voyant sa fille Ladone, fit une seringue et tomba amoureux d'elle. Mais quand la jeune fille l'aperçu, elle s'enfuit, si terrorisée qu'elle supplia son père de changer d'apparence pour que Pan ne la reconnaisse pas. Ladon, ému de pitié par la prière de sa fille, la transforma en roseau sur le plan d'eau où se trouvait un grand marécage.

Pan essaya en vain de distinguer la jeune fille des différents joncs, mais il finit par couper l'un d'eux en morceaux de différentes longueurs et les attacha ensemble avec de la ficelle. Il fabriqua ainsi un instrument de musique qui a pris le nom de "seringue" de la malheureuse fille et qui est également connu de la postérité sous le nom de "flûte de pan".

Dès lors, Pan est retourné errer dans les bois, courant et dansant avec les nymphes et effrayant les voyageurs qui traversaient les bois. Le mot panique vient de son nom, car le dieu se met en colère contre ceux qui le dérangent et émet des cris terrifiants, provoquant la peur du perturbateur.

Certains récits nous disent que Pan lui-même a été vu fuyant de peur.

CHAPITRE 7

M YTHES D'ASCLEPIUS - le père

de la médecine

A cette époque, Coronide, fille de Phlégie, roi des Lapithes, était la maîtresse du dieu Apollon. Selon la légende, le dieu dut un jour quitter Coronis et la confia à un corbeau aux plumes aussi blanches que la neige. Coronis, qui était attirée par Ischi, fils d'Elato, profita de l'absence d'Apollon pour recevoir Ischi dans son lit. Le corbeau, qui avait assisté à la scène, courut immédiatement vers Apollon pour le prévenir de ce qui se passait et celui-ci, aveuglé par la jalousie, tua Coronis et son amant en tirant deux flèches de son arc : une pour la femme infidèle et l'autre pour son amant (selon une autre version, c'est Artémis qui tua Coronis à la demande d'Apollon).

Sur son lit de mort, Coronis révéla à Apollon qu'elle était enceinte et que l'enfant devait naître bientôt.

À ce moment-là, Apollon, affolé par ce qu'il avait fait, maudit tout d'abord le corbeau qui l'avait prévenu avec tant de zèle mais sans lui dire ce qu'il en était, le condamnant, lui et toute sa progéniture, à avoir des plumes aussi noires que la nuit. Ensuite, il pris son fils encore vivant dans le ventre de sa mère et le teint dans ses bras (selon d'autres versions, c'est Hermès qui a pris le nouveau-né dans le ventre de sa mère à la demande d'Apollon).

L'enfant fut nommé Asclépios et fut confié par son père aux soins et à l'enseignement du sage centaure Chiron sur les pentes du mont Pelo, où vivait le centaure. Le roi Phlégias, père de Coronis, appris la mort de sa fille et fut aveuglé par la colère. Il se rendit avec son armée à Delphes et détruit le temple dédié à Apollon qui, pour se venger de l'outrage, tira une de ses flèches sur Phlégias, en le tuant. Entre-temps, Asclépios-devintfortetsagegrâceaux enseignements de Chiron et, plus le temps passe, plus il devient habileetcompétentdansl'utilisationdesmédicamentsetdes instruments chirurgicaux, à tel point qu'il décide de mettre ses connaissances à la disposition de toutes les personnes souffrant de maladies. Un jour, il reçut en cadeau d'Athéna deux fioles : l'une

contenant le sang qui avait coulé des veines du côté gauche du corps de la gorgone Méduse, qui avait le pouvoir de ressusciter les morts ; l'autre avec le sang qui avait coulé du côté droit du même corps mais qui avait le pouvoir de donner la mort.

Asclépios a commencé à utiliser ce sang et de nombreuses personnes ont bénéficié de ce don extraordinaire: Lycurgue, Capaneus, Tindareus, Glaucus, Hippolyte, et bien d'autres qui ont été ramenées à la vie.

Tout allait bien jusqu'à ce qu'Hadès, qui régnait sur le monde des morts, alla voir Zeus pour lui demander d'arrêter Asclépios car, selon lui, il bouleversait l'ordre naturel des choses et les lois mêmes de la nature. Zeus, après l'avoir écouté attentivement, lui donna raison et décida qu'il fallait mettre un terme au travail d'Asclépios. Il lança donc ses foudres sur lui, le tuant.

Apollon, apprenant la mort de son fils et désapprouvant le comportement de Zeus, se rendit chez les Cyclopes, chargés de créer les foudres pour Zeus, et les tua tous.

Après sa mort, Asclépios fut récompensé par Zeus, qui l'éleva au rang de divinité pour sa sagesse et fit ériger des temples et des statues en son nom.

Zeus en fit une constellation, la constellation d'Ophi-uchus (Ophiucus) du grec "ofiókos = celui qui tient le serpent" : elle est visible de mai à septembre et est représentée comme un homme tenant un serpent dans ses mains et pour cette raison elle est aussi appelée Serpentario.

Les serpents étaient consacrés à Asclepius. Une légende raconte qu'un jour, alors qu'il réfléchissait à la manière de ressusciter Glaucus (fils de Minos et de Pasiphaé), il tenait un bâton sur lequel un serpent tentait de grimper. Asclepius, agacé, l'avait matraqué à mort. Peu après, un autre serpent est arrivé et a placé une herbe sur la tête du serpent mort, qui avait été ressuscité.

Puis Asclépios a pris cette même herbe et avec elle, a ramené Glaucus à la vie. D'où probablement l'association du serpent avec Asclepius.

La science de la médecine a été consacrée à Asclépios, des temples et des statues ont été érigés, et son culte s'est rapidement

répandu dans le monde connu, devenant le père de la médecine.

Pour les Romains, son culte est devenu celui d'Esculape, introduit en 293 avant J.-C. sur ordre des Livres sibyllins pour enrayer une terrible épidémie.

HERCOLE

Le héros connu de tous pour ses exploits glorieux, Persée, eut de nombreux enfants avec Andromède, dont Alceus, Electrion et Stenelo.

Amphitryon, fils d'Alceus, roi de Tiryns, tua accidentellement son oncle Electrion, roi de Mycènes et père d'Alcmena. Il tomba alors amoureux de sa cousine Alcmena, demanda sa main et tous deux se réfugièrent à Thèbes.

Après quelque temps, elle partie à la guerre et Zeus a profita de la femme, attiré par sa beauté. Zeus voulait donner naissance à un fils exceptionnel capable de protéger les dieux et les mortels.

Alcmena, cependant, était une femme vertueuse, mais Zeus ne se découragea pas et eut recours à une nouvelle ruse ingénieuse : elle prit l'apparence d'Amphitryon et la nuit même où il était sur le point de rentrer de la guerre, elle le précéda et prit sa place dans le lit conjugal sans éveiller le moindre soupçon chez son épouse légitime. Quelquesinstantsplustard,Alcmenayrecevaitson véritable mari avec un tiédeur pour laquelle le roi était quelque

peu perplexe.

Le résultat de cette tromperie fut la naissance de deux jumeaux très différents, en tant que fils de deux hommes différents : l'un était le fils de Zeus et se nommait Hercule, l'autre était le fils d'Amphitryon et se nommait Iphiclès.

Amphitryon, qui avait toujours soupçonné une tromperie depuis cette nuit, a finalement découvert la vérité par le vate Tirésias. Cependant, il n'a pas continué à se soucier de ce fils spécial non plus. En effet, avant ces événements, Jupiter avait naïvement révélé qu'un enfant extraordinaire naîtrait, destiné à régner sur toute la région argovienne.

En divulguant cette information, il n'avait pas pensé au ressentiment d'Héra face à cette énième trahison.

Héra, pour tenter de se racheter, s'était précipitée à Mycènes, auprès de Stenelo, l'autre fils de Persée et l'actuel roi de Tiryns. Elle avait raccourci la durée de la grossesse de sa femme de sorte que le fils de Stenelo, Eurystheus, soit né avant le fils de Zeus et que la souveraineté sur les terres argives lui revienne de droit.

Quand Héra dit à Zeus ce qu'il s'était passé, il était furieux et a failli devenir fou.

à ce moment-là, les choses n'étaient plus réparables.

Alorsqu'iln'étaitencorequ'unenfant,lecaractère exceptionnel d'Hercule apparu.

Héra, pensant tuer son petit ennemi, avait caché deux grands serpents dans le lit des jumeaux. Iphiclès fut très effrayé, mais Hercule étrangla instinctivement les deux monstres répugnants avec ses mains puissantes.

En grandissant, le garçon fut confié aux meilleurs professeurs : Amphitryon lui appris à conduire le char ; Castor le forma aux armes

; Autolycus à la lutte ; Eumolpus à la musique, Chiron aux sciences. Au cours d'une leçon, Hercule tua son professeur Eumolpus avec sa lyre et, conscient de la force et de la violence de ce fils illégitime, Amphitryon l'envoya vivre parmi les bergers du mont Citerone.

La vie au grand air et l'aide de ses professeurs accélérèrent l'extraordinaire développement physique d'Hercule et ses nombreux talents : lutte, tir à l'arc, escrime, but infaillible, courage et force. À dix-huit ans, il tua un lion qui ravageait les troupeaux de son père, fabriquant un manteau avec la peau de l'animal et un casque avec sa tête.

A' cette époque, Hercule était invité dans la maison de Thespius, roi de Thespia. Il avait cinquante filles et Hercule les désirait toutes. Il dormit donc cinquante nuits, une nuit chacune avec les cinquante jeunes filles, donnant ainsi naissance à cinquante petits-enfants au magnifique fils de Jupiter.

Entre-temps, le roi des Minoens, à Orcomeno, avait envoyé ses messagers à Thèbes pour collecter un lourd tribut annuel de cent bœufs. Héraclès, furieux de cette injustice, affronta les hommes, mutilant leur nez, leurs oreilles et leurs mains.

Une guerre éclata entre Erginus, roi des Minyens, et Amphitryon, dans laquelle tous deux périrent, mais Hercule, avec l'aide d'Athéna, renversa le cours de la bataille en battant les Minyens, qui durent rembourser les gains mal acquis avec des intérêts.

Le roi de Thèbes, Créon, reconnaissant au jeune homme pour ce qu'il avait fait, lui offrit sa fille aînée, Megara, en mariage. Tous les dieux ont fêté les jeunes mariés et ont envoyé des cadeaux splendides : épées, arcs, cuirasses et chevaux. Seulement Héra donna une nouvelle preuve de sa méchanceté : elle rendit le héros fou, et dans un délire fou, il jeta au feu les trois enfants de sa fiancée et les deux de son frère Iphiclès. Quand il reprit ses esprits et réalisa ce qu'il avait fait, il fut désespéré et s'enfui loin. Il voulait expier ses crimes et, après avoir consulté l'oracle de Delphes, il se

rendit à Mycènes pour voir le roi Eurystheus, le cousin qui à la demande d'Héra, née avant lui, exécuta ses ordres.

C'est pour cette raison qu'il accomplit les exploits qui le rendirent célèbre et lui valurent le nom d'Hercule, ou "gloire d'Héra", car c'est grâce à la haine de la reine des dieux qu'il put être fier de ses nombreux travaux.

Les douze travaux

Eurystheus, envieux des prouesses physiques d'Hercule et du sang de Jupiter qui coulait dans ses veines, s'efforçait de lui confier les tâches les plus difficiles, voire impossibles, auxquelles il pouvait penser. Il avait enfin l'opportunité qu'il attendait depuis sa naissance

: se libérer de la lourde confrontation avec celui que le destin avait favorisé.

Première tâche : tuer le lion néméen

Le lion de Némée était un monstre invincible, envoyé à Némée par Héra pour vaincre Hercule. L'animal était originaire de Nemea, en Argolide, et s'était installé dans une grotte à deux issues. Sa peau était indestructible : elle ne pouvait être coupée, percée ou griffée par aucune sorte d'arme ; ses crocs et ses griffes étaient aussi durs que du métal. C'était donc une bête invulnérable. Le seul point faible du lion était sa bouche.

Le lion s'attaquait aux hommes et aux troupeaux, faisant des razzias et représentant un véritable fléau pour les habitants de Némée. Il a été vaincu par Hercule dans le premier des douze travaux.

Hercule arriva à Némée et parti à la chasse au lion, mais il ne trouva que des champs jonchés de cadavres des hommes tués par le lion, mais aucune trace de celui-ci.

Soudain, un puissant rugissement a secoué la forêt. Le lion était arrivé sur Hercule et s'apprêtait à le mettre en pièces. Hercule prit son arc et lui décocha toutes ses flèches, mais aucune d'entre elles ne fit une brèche dans l'animal invulnérable. Le lion l'attaqua, déchirant de ses griffes l'armure du héros qui était obligé de se battre sans aucune protection. Le lion blessa Hercule à la poitrine avec une patte. Hercule utilisa toutes ses armes en vain, jusqu'à ce que le bruit assourdissant de la massue tombant en morceaux fasse reculer le lion dans sa caverne. Hercule le poursuivit et le défia au combat. Au cours du terrible duel à mains nues, le lion arracha un

doigt d'Hercule, mais le héros finit par attraper le lion par la tête et l'épaisse crinière et il s'effondra immédiatement sur le sol, étranglé.

Hercule pris le corps sans vie et le porta à Mycènes en signe de triomphe. Eurystheus, terrifié, lui ordonna de le rapporter. Hercule obéi.

À sa mort, le lion de Némée fut placé par Zeus parmi les signes du zodiaque, où il forme la constellation du lion.

2ème quête : Tuer l'hydre de Lerna

Le mythe raconte que l'Hydre, qui vivait près de Lerne, fut tuée par Hercule lors du second de ses travaux. Ce fut une tâche ardue : il trouva la redoutable créature en train de digérer son repas dans la grotte et lui coupa toutes les têtes. Afin de ne pas périr de son terrible souffle, Hercule retint sa respiration.

Il s'est cependant vite rendu compte que du moignon de chaque tête coupée, deux autres naissaient immédiatement. Il eut une idée et demanda immédiatement de l'aide à son neveu Iolaus : pendant qu'Hercule coupait les têtes, Iolaus mettait le feu au sang de la plaie, la guérissant de telle sorte que les têtes ne pouvaient plus repousser. La dernière tête, cependant, était immortelle et son nouveau stratagème n'était pas efficace. Mais Hercule ne renonça pas et enterra la tête et le corps du monstre sous un énorme rocher, puis trempa la pointe de ses flèches dans le sang de l'hydre, qui était hautement toxique, pour infecter les blessures qu'elles infligeaient et les rendre incurables.

Une piqûre accidentelle avec l'une de ces flèches empoisonnées fit terriblement souffrir Chiron, un centaure ami et professeur d'Hercule. Chiron, étant immortel, ne pouvait pas mourir et, pour mettre fin à l'agonie, il donna son immortalité à Prométhée.

Troisième quête : capturer le haricot magique de Cerinea Eurystheus, étonné par l'audace surhumaine d'Hercule, décida de lui confier une troisième entreprise.

Près de la région de Cerinea vivait une splendide biche aux cornes d'or et aux sabots de bronze (ou d'argent, selon d'autres versions). Cette créature, sacrée à Artémis, fuyait sans s'arrêter, enchantant ceux qui la poursuivaient, les entraînant dans un lieu sans retour.

Comme il s'agissait d'une biche sacrée, Héraclès ne pouvait pas la tuer, il l'a donc simplement poursuivie. La poursuite effrénée a duré environ un an, sans même s'approcher. Héraclès ne voulant pas abandonner, il décida de blesser légèrement la biche agile avec un dard, et voulu la transporter sur ses épaules jusqu'à sa patrie. Sur le chemin du retour, il tomba sur Artémis, qui était furieuse contre lui pour avoir blessé une créature sacrée pour elle. Le héros réussit cependant à calmer sa colère et obtint d'elle la permission d'apporter la biche à Eurystheus. L'animal enchanteur était alors autorisé à courir librement dans les forêts.

4ème quête : capturer le sanglier d'Erimanto

Le mythe raconte que le sanglier d'Erimanthe était un sanglier puissant et féroce qui vivait sur le mont Erimanthe et terrorisait toute la région : Hercule le captura vivant et l'apporta à Eurystheus, qui se cacha dans un tonneau par peur.

C'était le quatrième des douze travaux d'Hercule.

Cinquième effort : les oiseaux du lac Stinfalo

La mythologie grecque nous apprend que les oiseaux du lac Stymphale étaient des oiseaux monstrueux aux plumes, becs et griffes de bronze. Ils se nourrissaient de chair humaine et capturaient leurs victimes en les transperçant de leurs plumes de bronze, comme des fléchettes. Ils avaient également un ouï très fin, une caractéristique qu'Hercule utilisa contre eux pour les vaincreSelon le mythe, Hercule fit s'envoler les oiseaux et, après les avoir émoussés avec de puissants hochets de bronze, il en tua un bon nombre avec des flèches empoisonnées avec le sang de l'hydre de Lerne.

Les oiseaux survivants se sont envolés pour toujours.

Sixième tâche : nettoyer les écuries d'Augia en une journée. Augia était le roi d'Ilia, dans le Péloponnèse, et certains auteurs le désignent comme le fils d'Hélios.

Il avait hérité d'un grand nombre de bovins de son père Helios. Grâce à leur origine divine, les troupeaux étaient immunisés contre les maladies et se développaient donc hors de toute proportion.

Augia n'avait jamais nettoyé les stalles et les écuries, et le fumier a continué à s'accumuler, créant de graves problèmes dans les environs. Au même moment, le ciel était obscurci par des essaims de mouches attirées par la saleté.

Le sixième exploit d'Héraclès a consisté à nettoyer les écuries en un jour, sur ordre d'Eurystheus. Hercule proposa au roi Augia de nettoyer le fumier de ses immenses écuries avant le coucher du soleil. En échange, il recevrait un dixième de tout son bétail. Le roi incrédule accepta le pari et les deux hommes jurèrent de leur accord. Hercule ouvrit alors deux brèches dans les murs des écuries et détourna le cours des rivières voisines, l'Alphée et le Pénée, et les eaux tumultueuses envahirent les immenses écuries et les cours, emportant tout le fumier des pâturages dans la vallée. Ainsi, Hercule accompli son sixième effort en nettoyant toute la terre d'Ilia sans même se salir.

Il demanda donc au roi Augia la récompense promise, mais ce dernier refusa, affirmant qu'il avait été trompé : ce n'était pas Hercule mais les fleuves qui avaient nettoyé son royaume du fumier. Hercule

exigea que le litige soit jugé, mais ce fut à son désavantage et il fut chassé d'Ilia. Enfin, Eurystheus n'avait pas considéré l'effort comme valable puisqu'Hercule aurait reçu une compensation pour cela.

Septième quête : capturer le taureau de Crète

Le Taureau de Crète était un monstre taurin ayant l'apparence d'un gros taureau et capable de souffler du feu par ses narines. Le Minotaure est né de ça et de Pasiphaé. La prise du Taureau de Crète était le septième des douze travaux d'Hercule.

Minos, le roi mythique de Crète, a permis au héros de capturer sans problème l'animal féroce, car il avait créé des problèmes en Crète. Hercule réussit à le capturer vivant en l'étouffant avec ses mains, et l'emmena avec lui à Athènes. Là, Eurystheus voulait sacrifier l'animal à Héra, qui détestait Hercule. Cependant, elle refusa le sacrifice, pour ne pas reconnaître la gloire et la victoire d'Hercule sur le minotaure.

Le taureau a ensuite été laissé libre de vagabonder jusqu'à ce qu'il s'arrête à Marathon, devenant ainsi connu sous le nom de "taureau de Marathon".

Huitième effort : les chevaux de Diomède

La mythologie grecque raconte que les "juments de Diomède" ou "juments de Thrace" étaient quatre juments féroces qui se nourrissaient de chair humaine. Ces bêtes splendides et incontrôlables appartenaient à Diomède, roi de Thrace, fils d'Arès et de Cyrène, qui vivait sur les rives de la mer Noire. On raconte que les juments se nourrissaient de la chair des soldats tombés au combat, et que lorsqu'il n'était pas en guerre, Diomède nourrissait les créatures en les donnant aux invités de son palais. La légende veut que Bucéphale, le cheval d'Alexandre le Grand, soit un descendant de ces juments.

Neuvième tâche : s'emparer de la ceinture d'Hippolyte, reine des Amazones.

Le mythe raconte l'histoire d'Hippolyte, la reine des Amazones.

En fait, le neuvième exploit du héros a été de prendre possession de la ceinture d'Hippolyte. Selon certaines versions, Hercule la fit prisonnière, enleva la ceinture qui la rendait si forte et l'apporta à Eurystheus ; selon d'autres mythographes, elle épousa Thésée et fut la mère d'Hippolyte. Le personnage d'Hippolyte a également été utilisé par William Moulton Marston dans l'écriture de sa plus célèbre bande dessinée, Wonder Woman. En effet, Hippolyte est la mère de Wonder Woman, qui est née grâce au don de la déesse Aphrodite, à qui la reine des Amazones avait confié son désir de maternité.

Dixième effort : Voler les bœufs de Géryon.

Géryon est un personnage de la mythologie grecque, fils de Chrysaor et Calliroe et frère d'Echidna. C'était un géant très fort avec trois têtes, trois bustes et seulement deux bras. Il possédait un royaume s'étendant jusqu'aux frontières de la mythique Tartessus. Il avait de beaux bœufs et Eurystheus a ordonné à Hercule de le capturer. Hercule se mit en route, vit la barque d'or d'Hélios et l'emprunta. Il arriva à l'île de Géryon, tua le monstre et pris les bœufs. Héra, enragée, envoya un essaim de mouches pour tuer les bœufs, mais Hercule les affronta aussi et l'emporta.

11èmequête:Volerlespommesd'ordujardindes Hespérides.

Le jardin des Hespérides est un lieu légendaire de la mythologie grecque.

Dans le jardin se trouvait un arbre aux pommes d'or gardé par le dragon Ladon et les trois Hespérides (Egle, Erizia et Esperaretusa), filles du titan Atlas.

Dans son onzième effort, Hercule proposa de soulever les cieux à la place d'Atlas, à condition qu'il lui apporte les fruits. Plus tard, Atlas retourna auprès d'Hercule, mais maintenant qu'il avait prouvé qu'il pouvait vivre sans avoir à supporter les cieux, il dit à Hercule qu'il ne voulait plus être responsable. Hercule, ayant été trompé, décida d'utiliser la ruse :

il se dit que, s'il devait tenir le ciel pendant mille ans (comme l'avait fait le Titan), il devrait mieux organiser la charge sur ses épaules et demanda donc à Atlas de tenir son fardeau pendant un instant. Il accepta naïvement (en déposant les pommes volées sur le sol) et tomba dans le piège d'Hercule, qui ligota le Titan et, après avoir pris les pommes, courut les remettre à Eurystheus.

Douzièmeetdernièrequête:ramenerCerbèrevivantà Mycènes, le chien à trois têtes gardien des enfers.

Dans le dernier et le plus dur de ses douze travaux, Hercule fut obligé de combattre et de vaincre Cerbère afin de l'emmener à Mycènes chez Eurystheus. Le héros ne le tua pas. Après avoir obtenu d'Hadès la permission de l'emmener avec lui (à condition de le combattre seul et sans armes), Hercule l'affronta et lutta avec lui jusqu'au bout. Après ça, il le rendit à Hadès pour qu'il soit à nouveau gardé.

La légende du Minotaure

Parmi les figures mythologiques de la Grèce antique, le Minotaure est certainement l'une des plus fascinantes. Il s'agit d'un être à l'apparence d'un homme et d'un taureau, né de l'union entre l'épouse du roi de Crète, Minos, et un taureau blanc envoyé en cadeau par Poséidon, dieu de la mer, au roi. Minos a été tellement frappé par la beauté de l'animal qu'il a décidé de ne pas le sacrifier comme prévu initialement, mais il voulait plutôt que le taureau soit utilisé pour monter ses troupeaux.

Lorsque le dieu Poséidon apprend la décision de Minos, il transforme le taureau en un animal féroce pour le punir. De plus, il fait perdre la tête à Pasiphaé, la femme du roi, à cause de l'animal, au point de le rejoindre. Cet amour impossible tourmente la femme, qui se confie à Dédale, l'artiste de la cour célèbre pour ses œuvres architecturales. Il est le créateur de la génisse en bois, creuse à l'intérieur, dans laquelle se déroule le rapport sexuel entre la belle Pasiphaé et le puissant taureau blanc.

Pasiphaé, l'épouse de Minos, donne naissance à cette créature particulière, dont la moitié de l'apparence ressemble à un homme (membres supérieurs et torse), et l'autre moitié à un taureau (dont elle possède la tête, la queue, les sabots et la fourrure). Bien sûr, Minos comprend immédiatement que cette créature est le fruit de la trahison de sa femme, et convainc celle-ci de lui avouer l'atroce secret. Le roi est furieux, mais réfléchit et comprend que derrière la folle passion charnelle de Pasiphaé se cache Poséidon qui a voulu le punir pour sa désobéissance. Afin de ne pas susciter davantage la colère du dieu de la mer, Minos décide de garder l'étrange créature. Comme le Minotaure se nourrit de chair humaine et qu'il est de nature plutôt féroce, le roi Minos a fait construire par l'architecte Dédale le "labyrinthe de Cnossos" et y a enfermé le monstre, afin de le cacher aux yeux de tous.

Le palais est construit de telle manière que ceux qui y entrent s'y perdent, car il est constitué d'une succession complexe de couloirs, de pièces, de halls, de fausses portes, de fausses entrées.

Entre-temps, Androgeus, le fils de Minos, se rend à Athènes pour participer à une corrida avec d'autres jeunes hommes et est tué par le taureau de Marathon. Le roi crétois, déchiré par le chagrin de la perte de son fils, accuse les Athéniens de la mort du jeune homme et menace de se venger. Et en effet, la vengeance arrive, et elle est terrible. Minos décide que, chaque année, les Athéniens enverront une cargaison de sept enfants mâles et de sept enfants femelles pour nourrir le Minotaure.

La légende veut cependant que Thésée, fils du roi d'Athènes, Égée, se soit embarqué pour la Crète avec des enfants à sacrifier au monstre, afin de tenter de le tuer. Le jeune homme est considéré comme un héros car il a accompli plusieurs exploits légendaires.

Son père Égée lui conseille de hisser les voiles blanches en cas de victoire, ou les voiles noires dans le cas contraire. Thésée promet à son père de revenir victorieux pour éviter le sacrifice inutile d'autres jeunes Athéniens.

Grâce à l'aide et à la complicité d'Ariane, la fille de Minos, Mme. du labyrinthe, il réussit et élimine le Minotaure.

La jeune crétoise tombe amoureuse de Thésée dès qu'elle le voit arriver avec sa flotte.

Par amour pour le jeune héros athénien, Ariane trahit son frère, le Minotaure. Elle est souvent représentée en train de filer et de remettre à Thésée le fuseau contenant le fil qui lui permet de surmonter l'obstacle du labyrinthe.

Quand Thésée entre dans le palais de Knossos, le Minotaure est endormi. Lorsqu'il se réveille, les deux commencent un combat furieux et sans merci. Le monstre a une faim insatiable et s'apprête à dévorer l'homme, qui heureusement le poignarde avec l'épée empoisonnée que lui a donnée sa complice Ariane.

Après avoir tué le monstre, Thésée part pour Athènes avec Ariane et les enfants qui ont échappé au sacrifice.

Pendant le voyage, les deux consomment leur amour, mais une fois qu'ils ont accosté sur l'île de Dia, Thésée fait un rêve étrange dans lequel Dionysos lui ordonne d'abandonner Ariane.

Se réveillant effrayé, Thésée laisse la femme endormie sur l'île. La même nuit, la pauvre Ariane est emmenée sur le mont Drios par Dionysos, qui la veut avec lui.

CHAPITRE 8

CARO ET DEDALO

La colère du roi Minos envers Thésée est forte, non pas parce qu'il a tué le Minotaure, mais parce qu'il lui a enlevé sa fille. Le roi accuse Dédale d'être l'auteur de ce malheur et le condamne à être emprisonné dans le labyrinthe avec son fils Icare.

Dédale, qui ne pouvait supporter longtemps cet emprisonnement détestable, voulait essayer de s'échapper à tout prix. Le seul moyen de sortir était par les airs.

Dédale fit donc pour lui et pour son fils deux paires d'ailes tissées de plumes légères, les attacha avec de la cire aux épaules et aux bras d'Icare, et les fixa à son propre dos, puis attendit que les serviteurs soient endormis, et se tournant vers son fils lui dit : " Suis-moi

Icare. " Et ne craint rien : prend seulement soin de rester avec moi comme un oiseau qui vient de s'envoler du nid. Ne te laisse pas tenter par les hauteurs : le feu du Soleil brûlerait tes ailes, et ne descend pas trop bas, car l'humidité les alourdirait. "Je t'obéirai, père," répondit Icare. Dédale, confiant, se lance dans l'espace, tandis qu'Icare le suit.

En dessous, les eaux de la mer Égée étaient calmes et bleues, et le soleil s'y reflétait, flamboyant. Les deux hommes ailés, Dédale et Icare, passèrent au-dessus de la mer, et les oiseaux s'enfuirent de peur. Ils contournèrent les îles et les bergers levèrent les yeux d'étonnement, croyant à des visions fantastiques, tandis que les paysans criaient : "Ce sont des Numi descendus de l'Olympe, volant avec des ailes de plumes vers le Soleil !". Icare a entendu ces cris d'étonnement et s'est senti de plus en plus fier. Il avait presque l'impression d'être une divinité, si haut dans l'espace, si libre et rapide à travers les nuages. Il devait être encore plus beau de s'approcher du ciel, de traverser les chemins altiers où les étoiles sereines et les mondes se poursuivent éternellement.

Icare, presque sans s'en rendre compte, emporté par son propre désir, s'éloigna peu à peu de la piste tracée par son père avant lui. Et il s'éleva rapidement vers la région supérieure du firmament ; mais la chaleur brûlante du soleil eut bientôt ramolli la cire parfumée

qui faisait adhérer les ailes à ses épaules, fit fondre les plumes de l'armure qui les retenait et les fit plonger dans les flots d'en bas. Icare tenta en vain de rester suspendu dans les airs, battant difficilement des bras. Il tomba dans la mer et l'écume le recouvri. Dès lors, cette mer a été appelée la mer Icarienne.

Dédale, réalisant trop tard l'imprudence d'Icare, ne put rien faire pour empêcher la mort tragique de son fils dans l'océan et dut poursuivre son vol jusqu'à Cumae. Il y construisit un magnifique temple dédié à Apollon et consacra ses ailes prodigieuses, mais l'angoisse de la mort tragique d'Icare était si immense que Dédale ne trouva d'autre consolation que de commencer à graver sur les portes du temple toute l'histoire de Minos et de ses descendants. Le magnifique ciseau a créé une œuvre d'art fantastique et admirable. Mais lorsque le pauvre père en vint à graver l'épisode de sa fuite du Labyrinthe et de la mort d'Icare, ses mains tremblèrent d'émotion, le burin tomba à terre, et l'œuvre resta in-achevée.

ÉCO ET NARCISSES

Un jour lointain de la Grèce antique, Cephysus, le dieu de l'eau, a enlevé la nymphe Liriope. Ils s'aimèrent tendrement et de leur union naquit un fils qui fut appelé Narcisse. Les années ont passé et Narcisse est devenu un garçon merveilleux. Liriope voulait préserver la beauté du garçon et se rendit donc chez l'astrologue aveugle Tirésias qui, après avoir consulté l'oracle, lui dit :

« Narcisse vivra longtemps et sa beauté ne sera pas ternie, mais le jeune homme n'aura jamais à revoir son visage. »

La prophétie de Tirésias se réalisa : Narcisse est resté à jamais un adolescent, gardant intacte sa beauté qui éveillait les sentiments les plus tendres chez les nymphes qui l'approchaient.

Mais le beau garçon fuyait le monde et l'amour et préférait passer son temps à se promener seul dans les forêts sur son cheval ou à chasser des animaux sauvages.

Un jour, alors qu'il chassait, il entendit une voix qui résonnait dans les gorges de la montagne, chantant et riant.

C'était Echo, la nymphe la plus enchanteresse et insouciante de la montagne qui, en le voyant, est tombée follement amoureuse de lui. Mais Narcisse était si fier et arrogant de sa propre beauté qu'il lui semblait insignifiant de s'occuper d'une simple nymphe. Ce n'était pas le cas d'Echo, qui, à partir de ce jour, a suivi le jeune homme partout où il allait, se contentant de l'observer de loin. L'amour et la douleur l'ont consumé : peu à peu, son visage est devenu blanc comme la neige et, en peu de temps, le corps de la belle fille est devenu si transparent qu'elle ne projetait plus d'ombre sur le sol. Accablée de chagrin, elle s'enferma dans une grotte profonde au pied de la montagne, où Narcisse avait l'habitude de chasser. Et là, de sa belle voix harmonieuse, elle a continué à invoquer son bien- aimé pendant des jours et des nuits. En vain, car Narcisse, qui avait entendu l'appel angoissé, n'est jamais venu.

Tout ce qui restait de la nymphe était la voix qui vivait éternellement dans la montagne solitaire. Depuis lors, elle répond aux voyageurs qui l'interpellent. Mais elle est faible et lointaine et ne fait donc que

répéter la dernière syllabe de leurs paroles : elle a perdu sa force en invoquant Narcisse, le chasseur cruel qui ne voulait pas l'écouter.

Narcisse ne fut pas du tout affligé et continua sa vie recluse. C'est alors que les dieux sont intervenus pour punir une telle ingratitude.

Un jour, alors que le fier jeune homme se baignait dans une rivière, il vit pour la première fois l'image de son visage se refléter dans l'eau claire.

Il en tomba follement amoureux et c'est pour cette raison qu'il revint sans cesse sur les rives du fleuve pour admirer cette froide silhouette. Mais chaque fois qu'il tendait la main pour la saisir, la surface de l'eau ondulait, oscillait et l'image disparaissait.

Un matin, afin de mieux la voir, il s'est penché en avant et en arrière jusqu'à ce qu'il perde l'équilibre et tombe dans l'eau, qui s'est refermée sur lui pour toujours. Son corps fut transformé en une fleur jaune au parfum intense, qui prit le nom de Narcisse.

L'ILIADE

L'Iliade ('Iliàs) est le "poème d'Ilium" et se compose de 24 cantos, ou livres. Le sujet du poème est une section bien circonscrite de la longue guerre de Troie, à savoir les événements qui se sont déroulés sur une période de cinquante jours au début de la dixième et dernière année de la guerre. Aristote identifie la grandeur d'Homère précisément dans sa capacité à limiter le sujet à raconter : à la différence des autres poètes du "Cycle", Homère avait choisi de ne pas raconter le conflit dans sa totalité ou en tout cas sur un vaste territoire, mais seulement un épisode bref, mais fondamental, de celui-ci.

La guerre, qui remonte à un passé lointain et indéfini, a été menée par les Grecs, désignés indifféremment par Homère sous le nom d'Achéens, d'Argiens ou de Danaens, contre la ville de Troie, située sur la côte nord-ouest de l'Asie mineure, dans l'actuelle Turquie. La raison pour laquelle les rois grecs s'unissent contre Troie, sous la direction d'Agamemnon, roi de Mycènes, est l'offense infligée par le jeune Pâris, fils de Priam, roi de Troie, au roi de Sparte Ménélas, frère d'Agamemnon.

Le but est de venger l'enlèvement de la belle Hélène, la femme de Ménélas, que Pâris a séduite et emmenée

avec lui à Troie. Parmi les plus illustres héros grecs participant à l'expédition, chacun avec sa propre armée, outre les Atrides Agamemnon et Ménélas, on peut citer Achille, roi des Myrmidons de Phthie, fils de la déesse Thétis et du mortel Pélée ; Ulysse, roi d'Ithaque ; Nestor, roi de Pylos ; Ajax Télamonius, roi de Salamine ; Diomède, roi d'Argos.

Canto I : L'Iliade s'ouvre sur le motif de la colère d'Achille, leitmotiv de tout le poème. Née d'une dispute avec Agamemnon, la colère d'Achille va en effet déclencher une série d'événements dont dépendra la victoire des Achéens. L'action commence par l'arrivée dans le camp grec de Chryse, le prêtre d'Apollon, venu réclamer la rançon de sa fille Chryseides, qu'Agamemnon a réduite en esclavage. Le refus arrogant des Atrides provoque la vengeance d'Apollon qui, invoqué par Chryse, inflige un terrible fléau aux Achéens. Cela ne prendra fin que lorsque, le dixième jour, le devin Chalcis révélera la raison du châtiment divin devant l'assemblée achéenne et qu'Agamemnon acceptera enfin de rendre Chryseides à son père. Mais en compensation de cette perte, le chef achéen réclame la possession de Briseis, l'esclave d'Achille.

Une terrible querelle s'ensuit entre les deux héros, à l'issue de laquelle Achille, contraint de se soumettre à la volonté d'Agamemnon, déclare dans un accès de rage qu'il souhaite se retirer de la guerre. Puis, invoquée par Achille, la déesse Thétis émerge "comme une brume" des profondeurs de la mer pour consoler son fils, et lui promet d'obtenir de Zeus une compensation pour l'injustice qu'il a subie. Acceptant les demandes de Thétis, Zeus accepte d'accorder le succès aux Troyens, jusqu'à ce que les Achéens veuillent réparer l'offense faite à l'honneur d'Achille.

Chant II : Zeus met immédiatement à exécution la promesse faite à Thétis et envoie à Agamemnon un rêve trompeur pour l'inciter à attaquer Troie avec toute son armée, lui faisant croire que ce sera la bataille décisive. Mais une fois les troupes rassemblées, les Atrides décident d'abord de tester l'âme des soldats en leur proposant de retourner enfin dans leur patrie.

L'essai a un résultat désastreux : toute l'armée se précipite vers les navires et n'est retenue qu'à grand peine par les interventions efficaces de Nestor et d'Ulysse, qui parviennent à les ramener à l'ordre. Une voix isolée et impudente s'élève parmi la foule anonyme des soldats : c'est celle de Thersites, un héros laid et vil, dont la protestation est immédiatement réduite au silence par Ulysse.

Le chant se termine par ce que l'on appelle le "catalogue des navires", c'est-à-dire une liste des forces grecques (28 contingents) qui ont convergé vers Troie et se préparent à entrer en action, suivie d'une liste des troupes troyennes et de leurs alliés (16 contingents).

Chant III : Les deux armées se font face et sont prêtes à se battre. Ménélas aperçoit Pâris sur le terrain et anticipe la joie de la vengeance. Paris, ayant surmonté son hésitation initiale, propose alors de résoudre le conflit par un duel entre lui et Ménélas. Les armées sont assises. Hélène, depuis les murs de Troie, indique à Priam les plus glorieux héros parmi les Achéens. Puis le vieux roi troyen est appelé pour consacrer, avec Agamemnon, les pactes relatifs au duel. Les combats commencent et Pâris est sur le point d'être vaincu par Ménélas, quand Aphrodite intervient pour sauver son protégé de la fureur de l'ennemi et le conduire en sécurité dans la chambre nuptiale, où peu après elle oblige Hélène à le rejoindre. Ménélas, quant à lui, parcourt furieusement le camp à la recherche de son ennemi, et est proclamé vainqueur par les Achéens.

Chant IV : La trêve convenue par les deux parties est violée par le Troyen Pandarus qui, à l'instigation d'Athéna, tire une flèche sur Ménélas. Blessé, mais pas gravement, il reçoit les soins du médecin Macaon, tandis qu'Agamemnon passe en revue l'armée, l'incitant au combat. La bagarre éclate de manière violente et sanglante.

Canto V : L'Achéen Diomède se distingue par sa bravoure et massacre les Troyens. Pandore et Énée l'affrontent ensemble, mais Diomède parvient à tuer Pandore et à blesser Énée, qui n'est sauvé que par l'intervention opportune de sa mère Aphrodite. Diomède ne

s'arrête pas, même devant une déesse, et lui blesse le bras avec sa lance, l'obligeant à fuir.

Tandis qu'Énée est porté en sécurité par Apollon, les Troyens reçoivent les encouragements d'Arès, qui est cependant frappé à son tour par la lance de Diomède, à l'instigation d'Athéna qui, avec Héra, est descendue pour donner de la force aux Achéens.

Chant VI : Diomède continue de faire rage parmi ses ennemis. Il est sur le point de s'engager dans un duel avec Glaucus, l'un des deux chefs des Lyciens, lorsqu'il découvre qu'il a un ancien lien d'hospitalité avec son adversaire. L'affrontement n'a pas lieu et les deux héros échangent leur armure. Entre-temps, Hector, sur les conseils du devin Elenus, son frère, est revenu en ville pour convaincre sa mère Hécube de faire des offrandes à Athéna, afin qu'elle éloigne le fléau Diomède des Troyens.

À Troie, il parvient également à inciter son frère Pâris à reprendre le combat. Puis, dans une scène d'une grande intensité émotionnelle, a lieu la dernière rencontre d'Hector avec sa femme Andromaque et leur fils Astianatte.

Chant VII : Hector et Pâris sont revenus ensemble sur le champ de bataille, mais selon la volonté d'Apollon et d'Athéna, la bataille doit cesser pour le moment. Ainsi, par l'intermédiaire du devin Elenus, ils incitent Hector à défier en duel les plus forts champions des Achéens. Ajax Telamonius est choisi. Le combat est encore incertain, quand, au crépuscule, les deux héros sont séparés. Ainsi se termine le premier jour de combat décrit dans l'Iliade. Le jour suivant est consacré à la collecte et à la crémation des morts des deux côtés. Les Achéens construisent alors un mur de protection pour les navires.

Chant VIII : Zeus convoque le conseil des dieux à l'Olympe pour imposer l'interdiction absolue d'intervenir dans la guerre. Le lendemain matin, les Troyens et les Grecs recommencent à se battre, et Zeus, qui les observe depuis les hauteurs du mont Ida, pèse les destins des deux camps sur sa balance : le succès revient aux Troyens. Alors qu'ils avancent, avec la faveur de Zeus, et qu'Hector fait rage parmi les ennemis, Héra et Athéna tentent en vain de courir au secours des Grecs. Zeus les repère et les arrête, révélant son plan pour l'avenir : Hector avancera victorieusement vers les navires des Achéens et tuera Patroclus, l'ami intime d'Achille. C'est la seule façon d'inciter les Pelis à reprendre la bataille et à arrêter l'avancée d'Hector. Pendant ce temps, l'arrivée de la nuit interrompt la bataille.

Chant IX : L'assemblée des chefs achéens est convoquée pour agir face à des événements précipités et il est décidé, sur la suggestion du sage Nestor, d'envoyer une ambassade auprès d'Achille pour tenter de le convaincre de retourner au combat. Ulysse, Phénix et Ajax partent avec pour mission de lui faire part de la promesse d'Agamemnon de lui rendre Briséis et de l'offre d'une riche compensation. Mais les paroles des trois ambassadeurs ne servent à rien : Achille persiste dans sa colère et ils retournent (à l'exception

de Phénix, qui reste l'hôte des Pelis) pour rapporter le résultat de l'embuscade à leurs compagnons.

Canto X : La scène est nocturne. Agamemnon erre dans le camp, incapable de dormir. Ayant réuni ses compagnons, il décide d'envoyer Ulysse et Diomède explorer le camp ennemi. Hector a également envoyé un espion, dans le même but : le non préparé Dolon, qui a accepté la mission uniquement parce que le chef troyen lui a promis comme prix les chevaux d'Achille. Mais il tombe entre les mains d'Ulysse et de Diomède, qui le tuent après lui avoir dérobé de précieuses informations. Grâce à lui, en effet, ils parviennent à capturer les magnifiques chevaux de Rhésus, roi des Thraces, qui vient de venir en aide aux Troyens, et ils le tuent avec douze de ses compagnons.

Chant XI : Une nouvelle journée de bataille commence, dont l'exposé se terminera dans le chant XVIII. Agamemnon se distingue par sa bravoure, et Zeus, inquiet que les Troyens puissent maintenant avoir le dessus, persuade Hector de s'écarter.

Il ne peut se manifester que lorsqu'Agamemnon abandonne la bataille à cause d'une blessure. Les plus grands héros achéens sont acculés par leurs ennemis : Ulysse est en difficulté, Ajax est obligé de battre en retraite, Diomède et Macaon sont blessés. Nestor demande alors à Patrocle de convaincre Achille de reprendre la guerre, ou d'envoyer son ami à sa place.

Chant XII : Les Achéens, poursuivis par leurs ennemis, se sont retirés sur les navires, à l'abri de la muraille, vers lesquels les Troyens se dirigent maintenant, conduits par Hector et Polydamant. Un signe de mauvais augure effraie les compagnons d'Hector, qui voudraient battre en retraite, mais le héros repart à l'assaut et réussit à enfoncer la porte du mur avec un gros rocher, tandis que Sarpédon et Glaucus, chefs des Lyciens, lui apportent leur soutien. Les Achéens fuient vers les navires dans un tumulte indomptable.

Chant XIII : Malgré l'interdiction de Zeus, Poséidon, peiné du sort des Grecs, intervient dans le combat, sous l'apparence du devin Chalcis, pour leur redonner courage. Et grâce au dieu, ils retrouvent leurs forces et lancent leur contre-attaque.

Ils sont menés par les deux Aiaciens qui sont bientôt rejoints par Mérion et Idoménée, roi de Crète, qui sont revenus au combat avec de nouvelles armes.

Avec un assaut de massacres violents et incessants, les Achéens semblent maintenant avoir le dessus, et Polydamant conseille une fois de plus à Hector, comme il l'avait fait au mur plus tôt, de suspendre le combat, mais le chef troyen, une fois de plus, ne l'écoute pas.

Chant XIV : Tandis que Poséidon encourage une fois de plus les Achéens par son puissant cri, Héra, sa soeur, mène une ruse pour tromper Zeus et le distraire de la scène de la guerre. Portant la ceinture magique d'Aphrodite, elle séduit son mari sur le mont Ida, puis l'abandonne dans un profond sommeil. Maintenant Poséidon peut librement aider les Grecs.

Diomède, Ulysse et Agamemnon, bien que blessés, réorganisent les rangs et, incités par le dieu, redonnent

courage aux soldats. Ajax Telamonius frappe sérieuse-
ment Hector avec une pierre et les Troyens, en l'absence
de leur chef, sont repoussés par-dessus le mur.

Chant XV : A son réveil, Zeus, se rendant compte de la
supercherie, ordonne à Héra, après l'avoir sévèrement
réprimandée, d'appeler Iris et Apollon : la première de-
vra rapporter à Poséidon l'ordre de se retirer immédiatement du champ de bataille ;

Apollon, au contraire, se chargera d'insuffler une nouvelle vigueur au corps d'Hector, afin qu'il repousse
à nouveau les Achéens jusqu'aux navires. Ainsi, les
Troyens, avec la faveur d'Apollon, franchissent à nouveau le mur, et Patroclus court alors vers Achille pour
le persuader de retourner au combat. Le feu troyen est
maintenant dangereusement proche des navires des
Achéens.

Chant XVI : Achille, ému par les supplications et les
larmes de Patrocle, bien qu'il n'ait pas l'intention de
retourner en personne sur le champ de bataille, rend
ses armes à son ami, lui permettant de combattre à sa
place à la tête des Myrmidons. Il ne demande qu'une
promesse, celle de se limiter à enlever les Troyens des
navires sans aller plus loin. Patroclus parvient ainsi à

mettre en fuite les ennemis, parmi lesquels il sème la mort et la ruine. Parmi ses victimes figure également le glorieux Sarpédon, fils de Zeus et chef des Lyciens. Poussé par le succès, Patroclus oublie sa promesse à son ami et attaque les murs de Troie. Mais Hector, avec l'aide d'Apollon, parvient à arrêter sa fureur en le tuant.

Chant XVII : Autour du corps de Patrocle, une furieuse querelle éclate, au cours de laquelle Hector parvient à s'emparer des armes d'Achille, mais pas de ses chevaux. L'affrontement devient de plus en plus violent, mais les Achéens, menés par le vaillant Ajax, parviennent à ne pas abandonner le cadavre. Antilochus est envoyé par Achille avec la nouvelle de la mort de Patroclus, tandis que Ménélas et Mérion

parviennent, à la fin, à porter le corps vers les navires, poursuivis par les ennemis.

Chant XVIII : Les larmes et les cris de douleur d'Achille, déchiré par la mort de son ami, font que sa mère Thétis se précipite à son secours. La colère envers Agamemnon a maintenant fait place à une douleur atroce dans le cœur d'Achille, qui le pousse à vouloir se venger d'Hector. Mais avant de retourner au combat, Achille a besoin que sa mère lui apporte de nouvelles armes. Entre-temps, pour protéger le cadavre de Patrocle, qui est toujours en litige, il se montre gigantesque aux Troyens, grâce à l'aide d'Athéna, et d'un cri effrayant les met en fuite.

Achille, avec ses compagnons, pleure son ami mort, tandis qu'Héphaïstos, accédant à la demande de Thétis, fabrique des armes splendides pour le héros.

Chant XIX : En possession des nouvelles armes, Achille convoque l'armée en assemblée et déclare qu'il souhaite se réconcilier avec

Agamemnon, qui, de son côté, reconnaît avoir agi injustement car il a été aveuglé par Zeus et promet au Pelis de lui rendre Briseis et de le dédommager par de nombreux cadeaux. Mais Achille est impatient de retourner au combat et n'accède guère à la demande d'Ulysse d'attendre que l'armée ait terminé son repas.

Puis les combattants s'arment, y compris Achille qui, revêtu de sa nouvelle armure, brille d'une lumière aveuglante. Avant de se lancer dans la bataille, le cheval Xanthus lui prédit sa mort imminente.

Chant XX : Maintenant qu'Achille est revenu sur le terrain, Zeus permet aux dieux de participer au combat, certains du côté des Troyens (Arès, Aphrodite, Apollon, Artémis, Latone et le fleuve Xanthus), d'autres du côté des Grecs (Héra, Athéna, Poséidon, Hermès et Héphaïstos). Apollon incite alors Énée à combattre Achille, mais le Troyen en sort grandi et est sauvé grâce à l'intervention de Poséidon. La fureur meurtrière d'Achille n'épargne cependant personne d'autre parmi ses ennemis, pas même Polydorus, le plus jeune des fils de Priam. Hector s'avance pour venger la mort de son frère, mais Apollon doit à nouveau intervenir pour le sauver de l'impétuosité d'Achille, qui flambe comme un feu sur une montagne aride.

Chant XXI : Achille poursuit les Troyens jusqu'aux rives du Scamandre (aussi appelé Xanthus) et les massacre, jusqu'à ce que le fleuve, rempli de cadavres, crie son horreur au visage du héros et tente de l'emporter avec ses flots. Achille invoque alors l'aide des dieux et Héphaïstos arrête l'élan du fleuve, faisant jaillir un feu dans la plaine qui assèche les eaux. Immédiatement après, une bataille éclate entre les dieux, qui se termine par leur retour à l'Olympe. Sur terre, pendant ce temps, les Troyens parviennent à se réfugier dans l'enceinte de la ville grâce à Apollon qui, sous les traits du Troyen Agénor, éloigne d'eux la fureur d'Achille.

Chant XXII : Seul Hector est resté en dehors des murs. Sans tenir compte des supplications de son père et de sa mère, il reste sur place et attend le terrible ennemi. Mais quand Achille s'approche de

lui entouré d'un rayonnement sinistre, Hector s'enfuit. Les héros font trois tours de Troie, au quatrième, Zeus pèse leurs destins et la mort est décidée pour Hector. Apollon l'abandonne, tandis qu'Athéna, par une ruse, le convainc de se battre en duel avec Achille, qui le tue, le dépouille de ses armes puis le traîne dans son char. Dans la ville, Priam, Hécube et Andromaque poussent des cris de désespoir devant ce spectacle douloureux.

Canto XXIII : Ayant tué Hector, la vengeance est complète. Un banquet funéraire est célébré en l'honneur de Patrocle, puis Achille, épuisé, s'endort. Dans un rêve, l'âme du héros défunt lui apparaît et le supplie de lui donner une sépulture ;

cela s'accomplit avec le lever de l'aube. Suivent les jeux funéraires en l'honneur de Patroclus, dont les vainqueurs sont récompensés par des cadeaux précieux.

Chant XXIV : Achille, toujours accablé par le chagrin et la colère, continue à traîner le cadavre d'Hector trois fois, chaque jour, autour de la tombe de Patroclus, jusqu'à ce qu'à la douzième aube, les dieux envoient Thétis à son fils pour le convaincre de renoncer au corps. Entre-temps, Iris, sur ordre de Zeus, convainc Priam de se rendre auprès d'Achille pour obtenir la rançon du corps d'Hector. Escorté par Hermès, le vieux roi troyen arrive sain et sauf à la tente

du héros grec, et suscitant en lui un sentiment de pitié, il parvient à faire restituer le cadavre et à le ramener à Troie, après avoir obtenu d'Achille la promesse d'une trêve de douze jours, au cours de laquelle seront célébrées les funérailles solennelles en l'honneur d'Hector.

L'ODYSSÉE

Comme l'Iliade, l'Odyssée s'ouvre sur un proème, composé de l'invocation de la muse inspiratrice et de la protase, qui résume le contenu de l'ensemble du récit. En particulier, Ulysse est décrit, en soulignant les différences avec Achille, le protagoniste de l'Iliade : c'est une personne qui souffre d'être loin de chez elle, il est intelligent, rusé, prêt à exploiter toute situation et insatiablement curieux. Ce n'est pas un hasard si le premier adjectif qui le caractérise est polytropon, c'est-à-dire "multiforme, polymorphe" et "entraîné par le sort, par le destin".

Télémachie (livres I-IV)

Dix ans se sont écoulés depuis la fin de la guerre de Troie, pour laquelle Ulysse avait quitté Ithaque alors que son fils était encore un enfant. Télémaque a maintenant une vingtaine d'années et vit avec sa mère Pénélope et les Proci, les 119 nobles d'Ithaque qui veulent épouser la prétendue veuve afin d'obtenir la couronne. La femme, qui espère le retour de son mari, leur promet qu'elle ne choisira un nouveau roi que si elle peut fabriquer un linceul pour son beau-père Laertes avant le retour d'Ulysse.

Mais pour empêcher le mariage, Pénélope défait le tissu de la journée pendant la nuit. Entre-temps, un conseil des dieux se réunit pour décider du sort d'Ulysse, retenu depuis huit ans par la nymphe Calypso sur l'île d'Ogygie. Dès que Poséidon, qui déteste Ulysse, part pour assister à un banquet, les dieux décident de permettre à Ulysse de retourner à Ithaque.

Hermès va ensuite voir Calypso pour la convaincre de laisser partir notre protagoniste, tandis que la déesse

Athéna, sous les traits du roi Mentès, va voir Télémaque pour l'inciter à partir à la recherche de son père.

Pendant ce temps, Fémius, le chanteur du palais d'Ulysse, récite un poème intitulé "Le retour de Troie", qui bouleverse Pénélope, lui rappelant son mari. Ainsi commence le récit du voyage de Télémaque qui, à l'insu de sa mère, se rend d'abord chez l'un des

plus vénérables héros grecs revenus de Troie, Nestor, puis, accompagné de Pisistrate, le fils de Nestor, chez Ménélas à Sparte. Ce dernier lui révèle qu'en Égypte il a appris du dieu de la mer Protée qu'Ulysse est bien prisonnier de la nymphe à Ogygie. Télémaque apprend également la mort d'Agamemnon, assassiné par sa femme Clytemnestre et son amant Aegisthus.

Pendant ce temps, à Ithaque, sous la conduite d'Antinoüs, les proci s'installent définitivement dans le palais de Pénélope et, ayant appris l'expédition de son fils Télémaque, organisent une embuscade pour se débarrasser d'un héritier gênant. Pénélope, dès qu'elle est informée, se tourne vers Athéna et invoque son aide : elle lui apparaîtra en rêve, la rassurant sur le sort de son fils.

Les voyages d'Ulysse (livres V-XII)

Calypso, après avoir reçu l'ordre d'Hermès de laisser partir Ulysse, promet au héros grec le don de l'immortalité, ce qu'Ulysse refuse à cause de la nostalgie qu'il éprouve pour sa patrie et sa femme bien- aimée. La nymphe, bien qu'à contrecœur, aide donc le héros à construire un radeau pour l'aider à partir. Après quelques jours de navigation tranquille, Ulysse est victime d'une violente tempête déclenchée par Poséidon. Après deux jours et deux nuits, le héros, avec l'aide de la déesse Athéna, parvient à atterrir sur la plage de l'île de Scheria, où, épuisé, il s'endort. Athéna apparaît en rêve à Nausicaa, fille d'Alcinoo, roi de l'île, et lui conseille de se rendre au fleuve pour laver son trousseau de mariage. Le lendemain matin, Nausicaa se rend à la rivière où elle joue au ballon avec ses servantes jusqu'à ce qu'elle réveille Ulysse, qui lui demande des informations sur le lieu où elle se trouve. Effrayés, les serviteurs s'enfuient, et seule Nausicaa écoute le héros et lui propose son aide, l'incitant à demander l'hospitalité à ses parents.

Le lendemain, un banquet est organisé en son honneur, et Démodocus, un chantre, raconte les épisodes concernant la chute de Troie et la tromperie du cheval : Ulysse, en entendant le récit de la guerre, pleure et Alcinous l'invite à révéler son identité.

Ulysse révèle son nom et commence à raconter le retour de la fin de la guerre. Ici commence le long flash-back à travers lequel les événements du héros grec sont retracés. Après la guerre, Ulysse

débarque au pays des Cicones et met à sac la ville d'Ismara, dans la région de Thrace. Contraint à une fuite au cours de laquelle il perd certains de ses hommes, Ulysse atterrit sur l'île des Mangeurs de Lotus, une fleur qui fait oublier le passé, puis au pays des Cyclopes, de monstrueux bergers géants borgnes. Ici, le héros grec et ses compagnons sont capturés par Polyphème, et Ulysse se sauve en utilisant sa ruse proverbiale : après avoir dit au monstre qu'il s'appelle "Personne", Ulysse fait boire le Cyclope et l'aveugle ensuite avec une perche chaude. Lorsque Polyphème s'écrie que "Personne ne l'a aveuglé", les autres cyclopes croient simplement qu'il a bu trop de vin. Ulysse et ses compagnons, cachés sous des moutons, échappent alors au monstre qui contrôle ses animaux en les palpant de ses mains gigantesques.

Ulysse se rend alors chez Éole, dieu des vents, qui leur donne une outre, contenant les vents contre la navigation. Malheureusement, au moment où sa chère Ithaque apparaît à l'horizon, ses compagnons, croyant que l'outre recèle un trésor, l'ouvrent, libérant les vents défavorables qui repoussent les navires d'Ulysse en haute mer. Ulysse retourne chez Éole pour s'excuser et implorer, en vain, une nouvelle chance. Le héros débarque alors au pays des Lestrigons, des géants cannibales qui massacrent l'équipage d'Ulysse, lequel fuit avec le seul navire survivant vers l'île d'Eea.

Ici, la séduisante magicienne Circé, amoureuse du protagoniste, transforme le reste de la troupe en cochons. Ulysse ne brise le sort que grâce à une herbe magique que lui a donnée Hermès. Après un séjour de près d'un an chez la sorcière, elle l'envoie au pays des Cimmériens, d'où Ulysse peut descendre dans l'Hadès. Il y rencontre de nombreux héros grecs, dont Agamemnon, Achille et Héraclès et surtout le devin Tirésias, qui lui prédit la lutte contre les Proci, l'invite à prêter attention aux vaches du dieu Hypérion et lui annonce une mort mystérieuse loin de sa patrie.

Ulysse retourne chez Circé et, suivant ses conseils, reprend la mer. Rencontrant les Sirènes, il bouche les oreilles de ses compagnons avec de la cire et s'attache au mât du navire, afin de pouvoir écouter le chant des créatures mythologiques sans y céder, et ainsi faire naufrage, pour ne jamais revenir auprès de sa bien-aimée.

Ulysse surmonte ensuite les monstres Scylla et Charybde, situés dans le détroit de Messine, et débarque à Trinacria, l'actuelle Sicile. Là, ses compagnons, épuisés par le long voyage et par la faim, mangent les vaches du Dieu Soleil, provoquant la colère de ce dernier, qui se venge par une tempête dès qu'ils reprennent leur route. Seul survivant, Ulysse atteint l'île de Calypso, où il reste pendant huit ans.

C'est la fin du récit d'Ulysse aux Phéaciens, qui, émus, le ramènent à Ithaque.

Le retour et la vengeance (livres XIII-XXIV)

En arrivant sur la plage d'Ithaque, Ulysse est transformé en un vieux mendiant. Plus tard, Athéna se rend à Sparte pour voir Télémaque, afin de l'inciter à rentrer chez lui, tandis qu'Ulysse demande l'hospitalité à Eumée, un humble éleveur de porcs qui lui est resté fidèle après tant d'années, et apprend la tyrannie imposée par le proci à sa femme Pénélope. Rejoint par son fils, à qui il révèle son identité, Ulysse organise le plan pour accomplir sa vengeance.

Ulysse, toujours sous l'apparence d'un misérable mendiant, se rend au palais royal, où il observe la vulgarité des proci... Reconnu seulement par son fidèle chien Argus, qui meurt peu après l'avoir revu, Ulysse a une conversation avec sa femme, qui ne sait pas qu'elle est face à son mari.

Ulysse, tout en restant incognito, annonce son propre retour futur. Au milieu des brimades continuelles des proci, jusqu'à l'égard d'Ulysse lui-même (reconnu, grâce à une cicatrice, par sa vieille nourrice Euriclea, à qui le héros grec impose pourtant le silence), Pénélope convoque un concours avec l'arc d'Ulysse pour choisir un nouveau roi.

La femme épousera celui qui sait tirer à l'arc et tirer une flèche à travers l'anneau de douze haches. Alors que les proci échouent lamentablement, Ulysse passe aisément l'épreuve et, avec l'aide de Télémaque, extermine ses adversaires. Pénélope soumet son mari à une dernière épreuve : décrire en détail leur lit conjugal. Ulysse se

rend ensuite chez son père Laertes, à qui il décrit avec précision un verger que lui a donné le parent. Après avoir étouffé une ultime révolte intérieure avec l'aide d'Athéna, Ulysse, revenu roi d'Ithaque, rédige un pacte de paix et de coexistence pacifique.

25 FAITS INTÉRESSANTS SUR LA GRÈCE D'AUJOURD'HUI

1. Les Grecs célèbrent l'anniversaire, mais la fête du nom est la principale fête. De cette façon, une personne a une fête semblable à l'anniversaire italien deux fois par an.

2. La main ouverte montrée à une autre personne est une infraction très grave (bien plus que le majeur, en d'autres termes). Si vous y associez ensuite le mot "Malaka", qui est utilisé aussi bien de manière amicale que de manière purement offensive, vous êtes sûr de déclencher une bagarre.

3. La phrase fondatrice de la Grèce est : Eleftherìa ì Thànatos (Ελευθερία ή Θάνατος) : La liberté ou la mort.

4. Aucune grande ville de Grèce ne se trouve à plus de 137 kilomètres de la mer.

5. La plus grande flotte marchande du monde est grecque, avec 164 millions de tonnes de tonnage brut.

6. De nombreux Grecs croient en "Mati" ou "Matiasma", notre "mauvais œil", qu'ils font enlever presque quotidiennement. Le mot Mati signifie "œil", et souvent, surtout dans les villages, lorsqu'un enfant pleure, on dit "To matiasan" - "on lui a jeté le mauvais œil".

7. La toque blanche doit son origine aux cuisiniers des monastères grecs, qui l'utilisaient pour se distinguer des moines qui portaient un grand chapeau noir.

8. Près de 50% de la population grecque vit à Athènes (4 millions d'habitants) et dans les villes environnantes, sur un total de 11 millions de personnes. Deux tiers de la population vivent dans des zones urbaines, et les principales villes, outre Athènes, sont Thessalonique, Patras et Héraklion en Crète.

9. La Grèce est presque entièrement montagneuse, 80 % de sa superficie étant constituée de collines ou de montagnes, et le plus haut sommet est le mont Olympe, à 2917 mètres au-dessus du niveau de la mer.

10. Avant l'euro, la drachme était la plus ancienne monnaie d'Europe, avec plus de 2650 ans d'histoire.

11. Le phoque moine est un animal historique en Grèce, avec une pièce de monnaie représentant sa tête datant de 500 avant JC. Aujourd'hui, presque toutes les traces de cet animal ont été perdues, bien que dans de nombreuses régions du Péloponnèse, on puisse encore voir les 250 spécimens restants.

12. Le mot "barbare" est une onomatopée qui rappelle la coutume des Grecs de l'Antiquité d'appeler les personnes qui ne parlaient pas leur propre langue par l'expression "bar-bar-bar", en référence à la façon de parler des sauvages.

13. 7% du marbre mondial provient de Grèce, bien qu'il ne soit pas qualifié de haute qualité.

14. La Grèce détient le record du nombre de musées archéologiques dans le monde.

15. Pendant la Seconde Guerre mondiale, un navire nazi transportant le "trésor juif" de Thessalonique, c'est-à-dire tous les objets de valeur volés aux Juifs de la ville, a quitté la ville grecque pour se rendre en Allemagne. Le navire a coulé près du Péloponnèse, et de nombreuses personnes ont cherché le trésor (y compris une expédition américaine dans les années 1970), qui n'a jamais été retrouvé.

16. Sirtaki, la célèbre musique sur laquelle danse Zorba le Grec dans le film du même nom, n'est pas une chanson populaire grecque, mais a été composée pour le film en adaptant divers types de chansons et de musiques de la tradition musicale hellénique.

17. Le mythe selon lequel des nourrissons spartiates en pleurs étaient jetés du mont Taigeto, près de Sparte, est faux.

Les ossements trouvés au pied de la célèbre montagne n'étaient pas ceux d'enfants en bas âge mais de personnes différentes, esclaves ou parias.

1. Il y a 300 parlementaires à Athènes, en l'honneur des 300 Spartiates de la Ligue grecque qui ont défendu le pays contre les envahisseurs perses.

2. OK, le mot qui est utilisé dans le monde entier pour l'opinion affirmative vient des mots "Ola" "Kala", qui signifient "tout va bien".

3. Athènes est habitée de façon continue depuis plus de 7 000 ans, mais ce n'est que dans les années 1950 qu'elle a connu une explosion démographique qui en a fait l'une des zones

métropolitaines les plus peuplées d'Europe. Dans les vieux films grecs, vous pouvez voir la capitale telle qu'elle apparaissait alors, qui était très différente de ce qu'elle est aujourd'hui.

1. L'enseignement grec est gratuit jusqu'à la fin des études universitaires. Les livres et les fournitures scolaires sont entièrement payés par l'État, qui les distribue à tous les élèves. L'accès aux dif-

férentes universités est réglementé par la note de l'examen du lycée, exprimée en vingtièmes, qui régit toutes les décisions des étudiants et les options d'études ultérieures. Les universités les plus prestigieuses, comme celles d'architecture, d'ingénierie ou de médecine, sont la chasse gardée de très peu de personnes qui réussissent 18,5 points à l'examen. C'est la raison pour laquelle de nombreux étudiants grecs viennent étudier en Italie : ils n'ont pas accès aux universités grecques.

2. Les jeunes Grecs sont toujours obligés d'effectuer leur service militaire, qui dure généralement 12 mois mais peut varier en fonction du nombre de membres de la famille et de leur sexe. La conscription est ressentie comme nécessaire, même par la population, pour se défendre contre la menace turque.

3. Bien que le football soit le sport le plus populaire, c'est dans le basket-ball que la Grèce excelle, l'Olympiacos et le Panathinaikos étant deux des équipes les plus titrées d'Europe.

4. Les rituels funéraires ne se terminent pas avec les funérailles. La coutume comprend un premier rite en l'honneur du défunt (prononcé: Mnimossino, de la déesse Mnémosyne) 40 jours après le décès, un second après un an et la ré-inhumation du défunt après une période variant de 3 à 10 ans (selon la région), lorsque les os sont lavés et placés dans un ossuaire (dans certaines régions jetés dans un puits du cimetière).

5. Le poète anglais Lord Byron (1788-1824) était tellement amoureux de la Grèce qu'il a participé à la guerre d'indépendance contre les Turcs, avant de tomber gravement malade et de mourir en Grèce. Il est considéré comme un héros national ici.